LA RETRAITE
Enfin libre!

Jean-Guy Tremblay

LA RETRAITE
Enfin libre!

Les Éditions
LOGIQUES

Données de catalogue avant publication (Canada)
Tremblay, Jean-Guy, 1932-
La retraite – Enfin libre!
Comprend des réf. bibliogr.
ISBN 2-89381-369-0
1. Retraite. 2. Retraite - Planification. 3. Retraités
- Droit - Québec (Province). I. Titre.

HQ1062.T73 1996 646.7'9 C96-940491-3

LOGIQUES est une maison d'édition agréée par les organismes d'État responsables
de la culture et des communications.

Révision linguistique: France Lafuste, Claire Morasse, Margot Sangorrin
Mise en pages: Martin Gascon
Graphisme de la couverture: Christian Campana
Photos de la couverture: Christian Hébert

Distribution au Canada:
Logidisque inc., 1225, rue de Condé, Montréal (Québec) H3K 2E4
Téléphone : (514) 933-2225 • Télécopieur : (514) 933-2182

Distribution en France:
Librairie du Québec, 30, rue Gay Lussac, 75005 Paris
Téléphone: (33) 1 43 54 49 02 • Télécopieur: (33) 1 43 54 39 15

Distribution en Belgique:
Vander Éditeur, avenue des Volontaires, 321, 13-1150 Bruxelles
Téléphone: (32-2) 762-9804 • Télécopieur: (32-2) 762-0662

Distribution en Suisse:
Diffusion Transat s.a., route des Jeunes, 4 ter C.P. 125, 1211 Genève 26
Téléphone: (022) 342-7740 • Télécopieur: (022) 343-4646

Les Éditions LOGIQUES
1247, rue de Condé, Montréal (Québec) H3K 2E4
Téléphone: (514) 933-2225 • Télécopieur: (514) 933-3949

Les Éditions LOGIQUES / Bureau de Paris, 110, rue du Bac, 75007 Paris
Téléphone: (33) 1 42 84 14 52 • Télécopieur: (33) 1 45 48 80 16

La retraite – Enfin libre!

© Les Éditions LOGIQUES inc., 1996
Dépôt légal: Deuxième trimestre 1996
Bibliothèque nationale du Québec
Bibliothèque nationale du Canada
ISBN 2-89381-369-0
LX-374

SOMMAIRE

11

AVANT-PROPOS

Pourquoi écrire un tel ouvrage et surtout pour qui? Vous qui êtes semi-retraité ou retraité et qui cherchez à combler vos besoins (santé, loisirs, culture, finances, etc.), je vous invite à me suivre dans un domaine que j'ai apprivoisé depuis quelques années. Avec mes quelques longueurs d'avance sur vous dans cette nouvelle vie, je voudrais vous faire part de mes expériences personnelles pour vous éviter des moments pénibles ou, à tout le moins, vous dire comment j'ai survécu au naufrage dans la mer agitée de mes émotions. S'agira-t-il d'un livre de recettes pour éviter les mille et un écueils possibles? Sûrement pas. Plutôt, je vais vous indiquer les ingrédients de base qui m'ont permis de résister à la tempête et de m'en sortir sans trop d'égratignures. Je n'ai donc pas l'intention de vous raconter des histoires. Cependant, je vous ferai mention de choses qui me paraissaient banales, simplistes il y a quelques années avant d'avoir pris contact avec le monde de la retraite.

13

Je dois vous avouer, tout de suite, que je me suis vanté, comme tant d'autres, qu'à la retraite, «je ne ferais plus rien», que «je me reposerais». Mais lorsque l'heure de ma décision est arrivée, j'ai reculé les aiguilles de l'horloge pour retarder le jour «fatidique». Cependant, les douze coups de minuit ont fini par sonner et m'ont ramené à la réalité. J'aurais tant aimé qu'au petit matin quelqu'un vienne à ma rescousse. Hélas, je me suis retrouvé seul avec ma naïveté, ma peur de l'avenir et mes nombreuses idées fausses sur la retraite.

Je me suis rappelé, en même temps, les paroles de La Bruyère: «Tout est dit et l'on vient trop tard depuis plus de sept mille ans qu'il y a des hommes et qu'ils pensent.» Mais, je me suis dit également que, même si tout est dit ou que tout a été dit, avais-je tout entendu, tout écouté, tout compris?

Et puis, après quelque temps, avant de faire faillite, je me suis mis à la tâche pour dissiper le brouillard qui enveloppait mes pensées.

Je voudrais donc, dans les pages qui suivent, non pas vous relater ma vie (ce serait banal), mais vous guider pas à pas dans votre nouvelle démarche pour que vous puissiez à votre tour relever le défi de la retraite.

Chapitre 1

LES ENJEUX PSYCHIQUES
DE LA RETRAITE

J'avais 20 ans. Je ne laisserai personne
dire que c'est le plus bel âge de la vie.

Le nouveau partage dans sa vie de couple

À la retraite, la vie de couple doit être complètement transformée et notre intimité doit être bonifiée. Parce que vivre vingt-quatre heures par jour avec la même personne peut créer des étincelles qui, parfois, peuvent allumer des feux. Et quand le feu est déclaré, il n'est pas toujours facile de l'éteindre rapidement.

Étant donné que pendant mes 37 ans de vie professionnelle, j'avais connu et vécu à certaines périodes des «guerres» de pouvoir, je ne voulais pas qu'à ma retraite, la même situation se reproduise. J'ai donc pris l'initiative d'en parler à ma conjointe pour m'entendre avec elle sur un certain nombre d'activités communes que nous pourrions partager et également sur des activités individuelles qui viendraient meubler notre intimité personnelle. Dans cette entente qui ne souffrait aucune contradiction, même si nous pouvions penser le contraire au début, je ne cherchais qu'une chose: créer un équilibre pour que l'intimité de chacun soit respectée. Cependant, je vous préviens que les discussions, à ce niveau, ne sont pas toujours faciles. Mais, comme disent les Anglais, il faut jouer *fair play*, c'est-à-dire accepter de mettre de l'eau dans son vin pour créer un climat de confiance mutuelle.

Les principales craintes de ma compagne face à ma retraite étaient, d'une part, de me voir empiéter sur son territoire (surtout la cuisine), d'autre part, de se voir privée d'une autre pièce dans la maison qui lui permettrait de vivre une certaine intimité personnelle.

Quant à moi, j'avais peur de deux choses. La première, c'était de partager des confidences et risquer certains commentaires qui auraient pu me blesser, par exemple: «T'es bien comme ton père.» La seconde concernait ma crainte d'être envahi par ma compagne étant donné que je suis peu loquace de nature.

Dans ce genre de situation, il ne faut pas attendre trop longtemps avant de se parler. Vous vous souvenez peut-être de la publicité à la télévision: «Au Québec, on est six millions, faut se parler.» Dans notre vie de couple, il faut être transparent et ouvert à toute discussion. Autrement, notre vie demeure un jardin secret où rien ne pousse après un certain temps.

J'ai donc vite fait comprendre à ma compagne que ses appréhensions étaient injustifiées, disposant déjà d'un bureau et n'ayant aucunement l'intention de m'immiscer dans ses affaires culinaires. D'ailleurs, je n'ai jamais eu de talent de «chef». Concernant mes craintes, j'ai vite compris qu'elles n'étaient que fabulation de ma part.

Dans ce contexte, permettez-moi de vous raconter une anecdote concernant une de mes connaissances. Sa femme avait la manie, à mon sens, fort agréable, de le prendre par la taille, de lui toucher le bras ou l'épaule ou de lui passer la main dans les cheveux. Un beau jour, lors d'une réception assez particulière, elle voulut ainsi lui témoigner son affection, mais il la repoussa en lui adressant des paroles désobligeantes. Le drame! La dame froissée ne comprenait pas que son mari n'aimât pas se sentir ainsi possédé. Pour lui, le rapprochement des corps avait ses moments privilégiés et la liberté d'action devait prévaloir en toute circonstance et en toute confiance. Et ce n'est qu'à un moment de lucidité parfaite que le couple réussit à se comprendre dans son intimité et à affronter, par la suite, des obstacles aussi étonnants les uns que les autres.

La question du temps à partager peut également faire naître des conflits dans le couple. Comme je le mentionnais précédemment, vivre avec quelqu'un vingt-quatre heures par jour n'est pas une mince affaire. Que de tensions peuvent alors se manifester sans que nous nous en rendions compte !

À cet effet, je me souviens d'un collègue de travail, très sportif, qui avait failli briser sa nouvelle vie de couple reconstitué parce qu'il sortait seul, deux à trois soirs par semaine, pour s'adonner à ses sports favoris. Sa compagne, qui restait à la maison avec un nouveau-né, ne savait où donner de la tête. Un jour, elle demanda à son conjoint de s'asseoir dans son fauteuil pour discuter de la situation. Après quelque temps, j'ai appris que le couple avait établi un horaire hebdomadaire qui semblait correspondre à leur intimité non partagée. Les lundis, mercredis et vendredis, monsieur pratiquait ses sports. Les mardis et jeudis, madame pouvait s'organiser comme elle l'entendait. Le samedi était consacré aux courses et le dimanche, le couple se retrouvait dans une intimité commune. Même si je suis encore étonné de ce partage du temps, je dois avouer que l'entente demeure toujours. Cependant, assez souvent, la dame reste à la maison pendant ses soirs de sortie pour profiter davantage d'une intimité commune. Et il semble que le conjoint en fasse autant. Enfin, ce qu'il faut rechercher en toute chose, c'est l'équilibre.

La solitude et ses différentes facettes

Avant d'aller plus loin, laissez-moi vous dire que c'est dans la solitude que l'esprit humain crée le plus. Par exemple, les poètes, les romanciers et les compositeurs ne peuvent créer sans se retirer du monde, loin des yeux indiscrets. Certains sont même obligés de sortir du pays pour se sentir dans un autre monde. Cette solitude temporaire est, toutefois, choisie et voulue.

Cependant, il existe une solitude forcée, donc non voulue, qui est plus difficile à supporter. Par exemple, nous savons tous que Roch Voisine doit demeurer dans une ville américaine, où il n'est pas connu, pour pouvoir se promener dans la rue sans se faire envahir par les gens. Quand il vient au Québec, il doit vivre en solitaire pour éviter des ennuis. Vous allez me dire que c'est la rançon de la gloire, mais c'est tout de même assez paradoxal quand on sait que l'être humain n'est pas né pour vivre seul. En fait, l'être humain est ambivalent. D'une part, il a besoin d'être seul pour créer ou se recréer et, d'autre part, il sent qu'il fait partie intégrante de la communauté. Nous n'entrerons pas dans plus de détails, mais mentionnons seulement qu'il existe d'autres types de solitude forcée qui obligent ceux qui en sont victimes à faire de grands efforts pour conserver leur équilibre. L'aveugle et le sourd, par exemple, qui peuvent se sentir davantage isolés, réussissent à se retrouver en faisant appel à leur créativité et à leur capacité d'adaptation.

Les retraités de mon âge se font répéter à longueur de journée, à la radio particulièrement, qu'il ne faut pas rester seul, qu'il est bon de sortir le plus possible pour rencontrer des gens afin d'éviter d'être «rongés» par la solitude. Les rapports avec soi-même n'ont plus leur place, du moins en apparence.

La plupart des psychothérapeutes soutiennent de leur côté que la maturité émotionnelle est le résultat de notre capacité à établir de bonnes relations d'égal à égal avec autrui. Heureusement que certains d'entre eux sont d'accord pour affirmer que la faculté de rester seul représente une sécurité intérieure et doit également être considérée comme une maturité émotionnelle. Il existe, par exemple, beaucoup plus d'ouvrages sur la peur d'être seul que sur la capacité à vivre seul.

Chaque fois que je rencontre une de mes connaissances et que je lui demande: «Comment ça va, mon vieux?», il me répond toujours avec un sourire sincère: «Je suis bien! Seul parmi les hommes!» Cette réponse semble paradoxale, mais quand j'y réfléchis bien, je constate que l'expression «seul parmi les hommes» peut vouloir dire que cette personne souffre de solitude, mais également qu'elle est bien dans sa peau. Si je considère les attitudes et le comportement de ce retraité, il réagit exactement comme moi. C'est la retraite qui nous a amenés à nous découvrir et à nous assumer pleinement comme individus. Regardez les gens qui travaillent, ils n'ont pas le temps de vivre avec eux-mêmes parce qu'ils sont trop préoccupés par leurs activités professionnelles. Déjà, je vous entends dire: «Est-il sérieux? Va-t-il falloir se plonger dans la solitude pour bien vivre?» Oh non! Je n'ai pas l'intention ici de faire le procès de quoi que ce soit. Comme je le disais précédemment, je ne ferai que relater mes expériences personnelles ou celles d'autres personnes face à la retraite. Et ces expériences seront enrichies par mes réflexions sur un certain nombre de questions qui nous touchent en tant que retraités.

Un autre de mes ex-collègues de travail me disait dernièrement que, pour régler ses problèmes, il n'y avait rien de mieux qu'une bonne nuit de sommeil. La nuit porte conseil, dit-on. Il semble en effet que notre cerveau continue à fonctionner dans notre sommeil et comme nous sommes, alors, dans une situation de solitude totale, nos neurones ne sont pas dérangés par l'extérieur.

Pour ma part, depuis ma retraite, j'ai su apprivoiser la solitude à tel point que j'ai développé de nouvelles attitudes qui m'ont permis de mieux gérer cet état de vie. En premier lieu, la journée même où j'ai pris ma retraite, je me suis senti en deuil comme une personne qui vient de perdre un être cher. Dans mon cas, je venais de perdre un travail pour lequel je m'étais préparé pendant plus de vingt ans, auquel je m'étais identifié pendant 37 ans. Je venais donc de perdre mon identité.

Malheureusement, certaines obligations m'empêchaient de partir en vacances parce que, selon les thérapeutes, ce genre d'évasion peut être bénéfique dans certaines circonstances. Et demeurer à la ville avec ses bruits (téléphone, avions, autobus, sonneries, etc.) ne m'apportait pas le réconfort que j'aurais pu trouver dans un endroit isolé.

Je venais de lire le beau livre *Les Rêveries du promeneur solitaire*, de Jean-Jacques Rousseau, qui m'avait fort impressionné, surtout les passages suivants:

«Seul pour le reste de ma vie, puisque je ne trouve qu'en moi la consolation, l'espérance et la paix, je ne dois ni ne veux plus m'occuper que de moi.

«Il y sera beaucoup question de moi, parce qu'un solitaire qui réfléchit s'occupe nécessairement beaucoup de lui-même.»

Voilà donc le mot clé lancé: «S'occuper de soi-même», c'est-à-dire se prendre en main, réfléchir pour trouver un sens à la vie dans le but de changer et, peut-être, d'innover.

Je me rappelle avoir rencontré dans ma jeunesse un gardien de phare qui m'avait bien impressionné avec sa grosse barbe blanche, sa voix grave et surtout la grande sagesse de ses propos. Le milieu de travail de ce solitaire modèle favorisait sûrement la méditation et la paix de la solitude.

Ce qui importe, c'est d'être en contact avec ses sentiments les plus intimes grâce à une réflexion profonde et d'éviter toute distraction ou toute action qui pourrait perturber l'exercice.

Les émotions

Au début de juillet 1991, j'étais assis dans mon patio à observer les oiseaux qui virevoltaient autour de la mangeoire. C'était le calme total et mon esprit était en parfaite harmonie avec la nature. Soudain, le bruit d'une moto vint rompre le silence. Les dents serrées, je me suis levé d'un bond pour essayer de voir quel énergumène se permettait de briser ma quiétude. Mais, les décibels diminuèrent d'intensité à mesure que le motard s'éloignait. Et l'espace s'était déjà apaisé. Alors, l'idée de ma retraite vint hanter mon esprit et je me dis: «Je ne verrai plus mes collègues de travail, je ne dirigerai plus de dossiers, je ne ferai plus avancer les choses.» Malheur! La tristesse s'empara de moi très rapidement. J'avais peur. Les oiseaux ne m'amusaient plus. C'était la désolation. Que faire?

Voilà une situation, parmi d'autres, que j'ai vécue et qui me permettra de vous expliquer comment apprivoiser vos réactions émotionnelles et vous en libérer. Parce que tant que vous n'aurez pas réussi à contrôler ce fond de réactions émotionnelles, il est inutile de continuer votre démarche de planification de votre retraite. Vous êtes comme un myope qui a besoin de lunettes pour voir au loin.

Dans mon cas, je crois que mes nombreuses lectures sur la psychothérapie de la vie émotionnelle (en particulier de nombreux livres et fascicules de Lucien Auger) m'ont aidé à me ressaisir et à me débarrasser des idées irréalistes qui compromettaient mon équilibre. Et c'est le fruit de toutes mes expériences que je veux vous faire découvrir afin de vous aider dans votre propre démarche.

Dans la situation décrite ci-dessus, vous voyez qu'en l'espace de peu de temps, j'étais plongé pratiquement dans un état de siège où ma sérénité laissait place à une agitation passagère provoquée par la colère, la peur et une certaine anxiété. Mes sentiments intérieurs provoqués par le bruit de la moto représentent des émotions. En définitive, on peut dire que si l'argent mène le monde, les émotions nous mènent par le bout du nez.

Dans les lignes qui suivent, j'essaierai donc, à partir de ce fait vécu, de vous expliquer la «mécanique» d'une émotion qui suscite souvent des réponses assez brutales. Mais, dans mon cas, la réaction n'a pas été de cette nature; elle n'avait rien d'incohérent ou de contradictoire.

Le fait de me lever rapidement et de serrer les dents en entendant le vrombissement de la moto sont les réactions normales d'une personne qui se fait déranger pendant une activité agréable. Et cette activité agréable et paisible (observer les oiseaux) faisait naître en moi des émotions tendres que je n'avais pas à contrôler parce qu'elles correspondent au développement normal de tout individu. Qu'est-il arrivé par la suite? Voyant le jeune motard s'en aller travailler, l'idée de ma retraite me passa par la tête et je devins triste, anxieux et quelque peu agité. Voilà des émotions désagréables que je devais contrôler, ou mieux, que je devais liquider. Mais comment? La psychothérapie utilise divers moyens pour diminuer ou faire disparaître ce genre d'émotions dites «grossières», selon le jargon d'une certaine école de pensée. L'un d'eux, plutôt rationnel, consiste à affronter ses réflexions intérieures avec la réalité et modifier ses pensées si elles s'en écartent. Par exemple, lorsque je me suis dit que «je ne verrais plus mes collègues de travail», que «je ne dirigerais plus de dossiers», que «je ne ferais plus avancer les choses», avais-je raison? Dans le premier cas, qui peut m'empêcher de retourner voir mes ex-collègues de travail de temps en temps? Personne, et effectivement, je me rends

28

au bureau assez régulièrement et chaque fois, c'est une fête. Nous sommes heureux de nous revoir et les rires fusent de tous côtés. Dans le second cas, les fameux dossiers que je gérais m'intéressaient-ils vraiment? Était-ce moi qui les avais pris en charge ou mon patron qui me les avait commandés? Je me souviens qu'une fois, au sortir d'une réunion de commissaires où j'avais présenté justement l'un de ces dossiers, je m'étais rendu rapidement au bureau médical parce que je sentais ma pression monter. Non, je crois que les projets que j'élabore actuellement avec ma compagne correspondent davantage à mes goûts et intérêts et jamais, depuis ma retraite, ma pression n'est montée au-dessus de la normale.

Avais-je raison de me dire que «je ne ferais plus avancer les choses»? En fait, je me disais que je ne serais plus productif, que je vivrais désormais inactif. Pourtant, à cette période, j'étais en pleine élaboration d'un projet de cours en généalogie. D'ailleurs, ce projet s'est réalisé et j'ai eu le plaisir de dispenser une série de cours dans plusieurs bibliothèques de la ville de Montréal et même à l'extérieur. Par la suite, j'ai projeté d'écrire le livre que vous lisez présentement. Par conséquent, le sentiment initial qui m'avait envahi était pure interprétation. Pour faire disparaître ce genre de pensée, il vous suffit de mettre sur papier tous vos projets et réalisations. Alors, vous n'aurez pas de difficultés à vous rendre compte que, même si le niveau de productivité n'est pas le même depuis votre retraite, il est tout aussi valable et, dans plusieurs cas, plus riche et plus formateur parce qu'il est à votre mesure.

Chapitre 2
LA FAMILLE FACE AU PHÉNOMÈNE DE LA RETRAITE

Exister, c'est changer; changer,
c'est mûrir, c'est se créer sans cesse.

Henri BERGSON

Avant d'aller plus loin dans ma démarche de planification de la retraite, je me suis penché sur la famille pour vérifier jusqu'où les retraités maintiennent en activité leurs cellules grises. Nul besoin ici de rappeler les nombreuses études qui confirment que l'âge de la retraite est une étape qui modifie carrément les responsabilités familiales et sociales.

Par ailleurs, l'enquête menée en 1992-1993 par Santé-Québec dans la région montréalaise et rapportée dans *La Presse* du 15 octobre 1995 permet de tirer des conclusions très révélatrices concernant la santé des Montréalais. Par exemple, dans ce «Portrait de santé des Montréalais», il a été démontré qu'à l'égard des activités physiques, il n'y a eu aucune amélioration depuis 1987. Entre 45 et 64 ans, les hommes présentent un excès de poids;

25 % de la population a moins d'une rencontre sociale par semaine et 12,5 % des gens ne maintiennent aucun lien d'amitié avec autrui. Il n'est donc pas surprenant de constater que 27 % des gens courent le risque de souffrir de détresse psychologique. On a déjà constaté que ce problème a augmenté de 6 % chez les hommes et de 7 % chez les femmes au cours des six dernières années.

Ces données, pour le moins surprenantes, ont tellement piqué ma curiosité que j'ai décidé de faire ma petite enquête personnelle dans mon entourage pour voir comment les conjointes voient la retraite de leur conjoint et comment les enfants, même ceux qui ont quitté le foyer familial, réagissent face à la retraite de leurs parents.

«Mon père est triste depuis sa retraite»

Voilà une des phrases que j'ai entendues lorsque j'ai soumis à un certain nombre d'enfants de retraités le questionnaire que vous trouverez à la page suivante.

Questionnaire sur la retraite

	Beaucoup	Assez	Peu	Pas du tout
1. Depuis que votre père est à la retraite, semble-t-il s'ennuyer?	___	___	___	___
2. A-t-il des idées noires?	___	___	___	___
3. Parle-t-il souvent de sa santé?	___	___	___	___
4. A-t-il changé ses habitudes de vie?	___	___	___	___
5. Participe-t-il à des activités sociales?	___	___	___	___
6. Semble-t-il désintéressé et peu productif?	___	___	___	___
7. Parle-t-il de son âge?	___	___	___	___
8. Est-il triste?	___	___	___	___
9. Pense-t-il à faire du bénévolat?	___	___	___	___
10. Cherche-t-il un emploi temporaire?	___	___	___	___

N.B. Avez-vous d'autres commentaires à formuler?

_____

_____

_____

35

Dans un premier temps, j'ai préparé ce questionnaire pour tenter de cerner les habitudes de vie et certaines attitudes qu'un certain nombre de retraités ont développées avec le temps. Vous remarquerez un certain recoupement dans les questions. Par exemple, les questions 1 et 8 concernent la même émotion : la tristesse. Je l'ai voulu ainsi pour augmenter la fiabilité du questionnaire.

Il est entendu que les résultats du questionnaire n'ont rien de scientifique, mais ils indiquent une certaine tendance. Et par économie de temps, j'ai pensé qu'il valait mieux que je téléphone aux enfants des retraités choisis. Cette façon de procéder m'a permis d'obtenir plus de précisions au cours de l'entrevue. Étant donné le petit nombre de participants, j'éviterai de vous donner des pourcentages. Je vous indiquerai plutôt les grandes tendances qui se dégagent de cette enquête en tenant compte des niveaux de réponses proposés: beaucoup, assez, peu et pas du tout.

Au départ, j'aimerais souligner l'attitude générale des enfants vis-à-vis de leurs parents et vous faire part de mes réactions tout au long des entrevues. En effet, j'ai eu l'impression que certains enfants se montraient ingrats envers leurs parents au point de considérer le toit familial comme un hôtel où l'on vient dormir et manger. Il m'est aussi apparu que certains retraités, de peur de fâcher leurs enfants par un refus, leur accordent à peu près tout. Certains enfants se comportaient comme s'ils appartenaient à un milieu social plus élevé que celui de leurs parents. Mais dans l'ensemble, l'attitude des enfants me paraissait positive. Pour eux, la présence du père à la maison était bénéfique, même s'ils notaient un changement dans le «climat familial». Même à leur âge, semblaient-ils dire, cette «présence créatrice» est «enveloppante et pénétrante» et représente le meilleur gage pour l'avenir.

En premier lieu, soulignons qu'au regard de l'ennui, l'enquête permet de conclure que la plupart des enfants des retraités ont le sentiment que leur père s'ennuie et qu'il semble plus triste que quand il travaillait. Et parfois, les idées noires les rongent. Cette attitude semble se vérifier surtout au moment des échanges père-enfant.

La question n° 6 concernant le manque d'intérêt des retraités et leur inaction semble être une autre réalité incontournable pour cette catégorie de personnes. Et il ne faut pas faire l'autruche devant ce phénomène à la hausse.

Face à un emploi, qu'en disent ces retraités? La question n° 9 concernant le bénévolat et la question n° 10 ayant rapport à un emploi temporaire n'ont pas semblé, au premier abord, soulever beaucoup d'intérêt. Mais, attention, la plupart du temps, ceux qui parlent le plus fort sont justement ceux qui désirent cacher un problème. Il semble que certains retraités se confieraient davantage à un étranger pour discuter de questions existentielles et sociales. La plupart du temps, ils préfèrent discuter de ces probèmes avec leurs amis. Certains enfants ont souligné que leur père ne finit plus de répéter ceci: «Moi, j'ai assez travaillé dans ma vie, je ne fais plus rien maintenant.» La plupart des réponses dénotent un certain malaise, une certaine douleur intérieure chez le père à la retraite. C'est souvent un cri de détresse psychologique.

Un enfant encore à la maison m'a signalé que ce qui l'impressionne le plus chez son père, c'est son courage, sa force de caractère, sa patience. Il ajoute que depuis sa retraite, son père n'a pas changé ses habitudes de vie. Il aime encore la lecture et la musique et continue à s'occuper de l'entretien de la maison et des pelouses.

Parmi les enfants interrogés, très peu ont mentionné que leur père parlait souvent de sa santé ou de son âge. C'est assez compréhensible puisque l'âge du groupe-cible se situe entre 55 et 67 ans.

Dans ce genre d'enquête, il faut être très prudent et ne pas porter de jugements hâtifs. Vouloir soutenir que tous les retraités sont tristes et malheureux ne résiste pas à l'analyse. Il vaudrait mieux, alors, affirmer que la retraite devient de plus en plus difficile dans un monde qui évolue à une vitesse vertigineuse et qui présente un certain nombre de difficultés.

Dans un contexte «d'échec», par exemple, n'avons-nous jamais pensé qu'une des causes principales est le manque de préparation? Isolé de la société, l'homme est porté à mettre souvent des «absolus» là où il devrait mettre du «relatif». De plus, sa vision devient plus fragmentaire, moins panoramique. Son raisonnement nous apparaît souvent absurde.

De l'enquête, il est ressorti également ceci: dans les cas où il semblait exister une compréhension mutuelle entre les membres de la famille, c'est qu'on y avait institué une règle souple où le caprice n'avait pas sa place. Dans ce climat particulier de joie et de bonne humeur, c'est tout le «cadre» familial qui semble avoir été ajusté. Et ces milieux semblent propices aux conversations intéressantes et au climat de confiance.

Dans l'ensemble, les résultats demeurent positifs, mais on a constaté chez plusieurs retraités de l'ennui et un manque de planification de leurs activités. À cet égard, nous verrons plus loin comment remédier à l'ennui et le remplacer par une attitude plus positive. Mais, auparavant, il serait peut-être plus intéressant de connaître certaines remarques que plusieurs conjointes de retraités m'ont faites lorsque j'ai téléphoné pour parler avec les enfants.

«Mon conjoint prend beaucoup de place à la maison»

Certaines personnes m'ont dit qu'elles espéraient avoir plus de liberté après le départ des enfants et la retraite de leur conjoint. Mais, il semble que ce rêve soit loin de la réalité. Avant sa retraite, le conjoint également rêvait, et c'est tout à fait normal, à une vie future remplie de promesses. Qui n'a pas entendu au bureau ou ailleurs des paroles comme celles-ci: «Moi, je vais faire cela!», «Moi, j'irai passer six mois par année en Floride», «Enfin, je vais pouvoir vivre avec ma conjointe». Mais, ces paroles non appuyées sur du «solide» ne semblent pas tout à fait correspondre aux vues de toutes les conjointes.

En fait, ce que le conjoint ne semble pas avoir appris, c'est que sa compagne aussi veut planifier des activités pour elle-même. Dans certains cas, cela semble le déranger. Il ne semble pas comprendre en effet que ce genre de planification comporte des activités individuelles et des activités de couple. Une femme me confie que la retraite anticipée de son conjoint est venue bouleverser sa vie à tel point qu'elle voyait ce dernier comme un envahisseur. «Il me voulait à la maison à toute heure du jour, précise-t-elle, me privant même de certaines activités extérieures. Quand il s'agit de s'occuper d'un de nos petits-enfants malade, il m'encourage fortement à agir rapidement. Je ne refuse pas d'être au service de tout le monde, mais je ne veux pas perdre les activités et les amitiés que j'ai nouées au cours des ans, avant la retraite de mon conjoint.»

Une autre femme s'inquiétait du fait que son conjoint répète souvent qu'il aimerait finir ses jours à la campagne. «Cette vie, semble-t-elle dire, m'éloignerait de tout, me couperait des réalités sociales et nous placerait dans un isoloir. Plus de ressourcement, moins d'amis, de connaissances, loin des enfants et des petits-enfants.» Voilà une femme qui aime la ville et qui veut profiter de tout ce qu'elle offre. Elle se sent donc en conflit d'autonomie.

Dans ce qui précède, nous avons pu constater qu'un certain nombre de personnes désirent poursuivre leurs rêves parfois en couple. Mais, comme je le mentionne dans les premiers chapitres, une retraite, ça se planifie et il faut y mettre toute son attention.

Changer ses idées avant de planifier sa retraite

La petite enquête que j'ai effectuée m'a amené, tout de même, à cerner certains problèmes réels chez les retraités. Par exemple, j'ai constaté, suite à la déclaration de certains enfants de retraités, que plusieurs parmi ces derniers s'ennuyaient royalement. Et l'ennui, c'est de la tristesse.

Contrairement à ce que l'on peut penser, cette tristesse n'est pas causée par le fait d'être à la retraite. Non, cette émotion provient de la façon dont chacun interprète sa situation. Eh oui, c'est comme cela que notre cerveau fonctionne! Par exemple, la mort d'un être cher ne cause pas les mêmes émotions chez les membres d'une même famille. La raison en est que les gens se font une idée ou interprètent la mort chacun à sa façon. Par conséquent, si les idées ont tant d'importance, il faut les tester avant de commencer à planifier sa retraite. Autrement, vous risquez de faire une planification teintée de tristesse, ce qui ne mènera pas loin.

Pour bien faire les choses, prenez une feuille de papier, séparez-la en deux. Dans la partie de gauche, écrivez toutes les situations qui vous ennuient ou qui vous attristent. Dans la partie de droite, pour chacune d'elles, efforcez-vous de trouver les idées qui vous rendent si morose.

Dans un deuxième temps, il s'agit de réfléchir sur ce tableau et de vous demander pourquoi telle ou telle idée vous affecte face à une situation donnée. Est-ce à cause d'une mauvaise expérience déjà vécue? Est-ce un manque de confiance en vous? Est-ce que vos exigences sont trop élevées? Ou est-ce pour d'autres raisons?

Il faut refaire cet exercice des dizaines de fois avant de voir apparaître un changement dans ses idées. Parce que souvent nos idées reposent sur des préjugés et que ce sont justement ces préjugés qu'il faut liquider pour pouvoir changer sa perspective.

Comment se situer par rapport à cette enquête

Les personnes qui ont participé à mon enquête ont tellement pris mon initiative au sérieux que plusieurs d'entre elles m'ont demandé ce qu'il fallait faire pour aider leurs parents en détresse. Même si ce n'était pas le but de ma démarche, je me suis laissé attendrir et je leur ai donné certaines indications à partir de mes réflexions.

Si vous vous sentez concerné par l'un ou l'autre des aspects de la question, je vous présente un outil de réflexion sous forme de liste d'émotions et de comportements qui vous permettra de vous situer. Je vous le soumets uniquement à titre d'indication. Vous pourrez passer le «test» autant de fois que vous le voudrez. Vous pourrez, ainsi, constater l'évolution de vos émotions et de vos comportements.

Je vérifie mon niveau de tristesse

	Oui	Non
1. Je me replie souvent sur les événements passés.	___	___
2. Actuellement, j'ai très peu d'activités.	___	___
3. Ma vie sociale est très peu élaborée.		
4. J'ai très peu confiance en moi.	___	___
5. Je reviens souvent sur les échecs passés.	___	___
6. Je n'ai pas de programme d'activités.	___	___
7. Je suis porté à me plaindre à mon entourage.	___	___
8. Je regarde souvent dehors par la fenêtre.	___	___

9. Je suis porté à la rêverie.   —— ——

10. J'ai peur de perdre mes biens matériels.   —— ——

11. Je me sens seul même parmi le monde.   —— ——

12. Je pense toujours à ce que j'aurais
pu faire.   —— ——

13. Je trouve que ma situation n'est pas drôle.   —— ——

14. J'ai facilement du chagrin face à
une privation.   —— ——

15. La vieillesse me traumatise beaucoup.   —— ——

16. Je ne suis pas porté à consulter.   —— ——

17. Ma famille me trouve solitaire.   —— ——

18. J'ai de la difficulté à m'introduire
dans des groupes.   —— ——

19. Je manque de plus en plus d'énergie.   —— ——

20. Il me semble que je n'attire pas les gens.   —— ——

Les vingt déclarations de l'inventaire peuvent être, à titre indicatif, interprétées comme suit:

Nombre de oui	Signification
1 à 5	Ne vous inquiétez pas
6 à 10	Surveillez-vous
11 à 15	Reprenez-vous en main
16 à 20	Réagissez sans tarder

Chapitre 3

FAITES UN BILAN

Agir, c'est le but de la vie.
Jean Martineau

Connaître son état de santé

Notre bien-être dépend de plus en plus d'une conception globale de la santé. Et cette conception doit être positive, à l'opposé de l'opinion qu'on s'est toujours faite de la santé. En effet, les dictionnaires mentionnent que la santé est l'état de celui ou de celle qui n'a aucune maladie. Définition plutôt restrictive et très négative. Je préfère d'emblée la définition adoptée par l'Organisation des Nations Unies: «La santé est un état complet de bien-être physique, mental et social et ne consiste pas seulement en une absence de maladie ou d'infirmité.» Par conséquent, vieillir n'est pas une maladie. C'est un état de changement. C'est tout notre corps et ses différents systèmes qui changent. Et si vous n'améliorez pas vos habitudes de

49

vie, l'usure se fera sentir plus rapidement. Je pense, par exemple, qu'un excès dans le tabagisme et dans l'alcool, un manque d'exercice et la sédentarité font vieillir plus que le temps.

Santé physique

Au départ, je dirais qu'à partir de 50 ans, un examen de routine tous les deux ou trois ans n'est pas superflu: examen d'urine, examen du sang (sucre, urée) ou tout autre examen jugé utile. Puis, selon les décisions du médecin traitant, cet examen de base pourra être complété par d'autres examens plus détaillés. Lorsque vous aurez pris connaissance des résultats de votre condition physique, vous pourrez alors vous fixer un programme d'exercices physiques à votre mesure, surtout si vous avez cessé tout exercice depuis quelques années.

Les spécialistes classifient ordinairement les exercices physiques comme suit:

1. Exercice de fond qui ne demande pas beaucoup d'effort comme la marche.

2. Exercice de vitesse qui demande plus d'effort à cause des contractions musculaires exigées. Ce type d'exercice provoque un certain essoufflement. La course, la bicyclette font partie de cette catégorie.

3. Exercice de force qui exige beaucoup d'énergie d'un grand nombre de muscles et provoque de l'essoufflement. Exemples: les poids et haltères, l'athlétisme, etc.

4. Exercice d'adresse qui n'exige pas autant d'effort que les deux exercices précédents, mais demande beaucoup de finesse dans les mouvements, comme l'escrime et l'alpinisme.

Ce qui importe avant tout, c'est qu'il faut non seulement varier ses exercices, mais surtout les doser selon l'âge et le sexe. Il faut aussi éviter de penser que l'on est en excellente santé («je me sens comme un surhomme») et que par conséquent, l'exercice physique et les conseils sont pour les autres.

Il ne faudrait pas cependant pencher dans le sens contraire et avoir une peur morbide d'être malade. Même les gens qui souffrent de troubles cardiaques peuvent faire de l'activité physique adaptée à leur condition. Des tests de condition physique existent à cet effet. Il s'agit de frapper aux bonnes portes.

Voici quelques organismes qui pourront vous prodiguer les conseils appropriés le cas échéant:
• Kino-Québec de votre localité
• Société Canadienne de la Croix-Rouge (3ᵉ âge)

51

- Le Y.M.C.A. ou le Y.W.C.A.
- Sentiers-Québec
- Société Québécoise du Plein-Air
- Vélo-Québec
- Les C.L.S.C.

Je vous invite à consulter votre annuaire téléphonique pour obtenir les adresses et les numéros de téléphone de ces organismes.

J'aurais aussi beaucoup à dire sur la médication personnelle (se soigner soi-même), le contenu de certaines armoires à pharmacie, sans compter les charlatans, les organisations commerciales qui veulent nous vendre la pilule-miracle et les thérapeutiques qui sont loin d'avoir fait leurs preuves, mais je me contenterai de l'essentiel.

Santé mentale

Je ne peux parler du corps sans parler de l'esprit tellement les deux entités sont interdépendantes. *Mens sana in corpore sano,* disaient les sages de l'Antiquité. Ici, au Québec, nous connaissons cet aphorisme depuis longtemps, mais sa reconnaissance et son application sont relativement récentes. On commence à comprendre que la santé physique a peu d'importance si elle n'est pas appuyée par la santé mentale. Un problème chez l'une a des répercussions chez l'autre. Par exemple, des ulcères à l'estomac sont provoqués par des troubles psychiques. Des maladies dites psychosomatiques sont très répandues dans notre société étourdissante actuelle. Mais, ce qui est particulier à la retraite, c'est qu'on pense «futur». Toutefois, n'oubliez pas que le futur s'appuie sur le passé et le présent. Vous devrez donc adapter votre nouvelle condition de vie à ce que vous avez été, ce que vous êtes maintenant et ce que vous voulez être. Avec l'expérience et le bagage de connaissances que vous avez acquis au cours des ans, vous pourrez vous prendre en charge et développer des moyens susceptibles de vous donner un certain bien-être.

Je voudrais vous mettre en garde contre ces vendeurs de rêve qui pullulent autour des retraités. En premier lieu, il vous faut surveiller votre esprit à l'égal de votre corps contre ces parasites qui peuvent vous détruire en se nourrissant de vos pensées. Et la rhétorique de certains d'entre eux peut également modifier radicalement vos propres idées à votre insu. Pour combattre ces maladies de l'esprit, il faut élargir et préciser son vocabulaire et se rappeler aussi que les mots sont vivants et inconstants, donc teintés de connotations affectives qui déforment nos pensées. «Si vous désirez converser avec moi, disait Voltaire, définissez vos termes.» En prenant garde de ne pas se laisser piéger par les mots et en ne les prenant pas au pied de la lettre, vous pourrez ainsi mieux contrôler vos pensées et empêcher les autres de manipuler votre esprit. Et surtout, attention aux grands tribuns qui savent bien, comme le déclarait l'écrivain anglais Joseph Chatfield, que «l'éloquence donne le pouvoir de détacher les gens de leurs opinions simples et innées».

Un deuxième point qui vous permettra de vous établir un canevas de méditation sur votre noble vie sociale, c'est tout ce qui tourne en périphérie de la divination. Je m'explique en partant de l'histoire ancienne et vous comprendrez mieux cette deuxième mise en garde.

Le phénomène de la divination (prévenir l'avenir) n'est pas nouveau parce que cette pseudo-science a toujours été florissante en Chine, aux Indes, en Babylonie et en Égypte au temps des pharaons. Moïse a même lancé à son peuple un avertissement sérieux contre ce fléau qui envahissait les esprits à l'époque: «Qu'on ne trouve chez toi personne qui s'adonne à la divination, aux augures, aux superstitions et aux enchantements, qui ait recours aux charmes, qui consulte les évocateurs et les sorciers et qui interroge les morts.» Les Grecs croyaient beaucoup aux songes, aux oracles et autres signes mystérieux qui leur traçaient l'avenir. Il s'est même créé à cette époque une science de l'interprétation des signes venant des dieux, d'Apollon en particulier, ce dieu de la prophétie. Chez les Latins, on créa le collège des augures qui, suivant la volonté de Jupiter, assistait les magistrats dans leur prise de décisions. Rappelons-nous que l'ex-président Reagan dirigeait les États-Unis à l'aide des conseils astrologiques de sa femme. C'est inouï!

Dans son livre *L'Église des apôtres et des martyrs*, Daniel Rops a écrit une très belle page sur ce que cherchaient les Romains pour calmer leur appréhension face au futur:

«C'est l'astrologie qui a donné satisfaction au désir superstitieux de l'âme antique de connaître l'avenir. Affichant aux premiers siècles de notre ère tous les aspects d'une science exacte, elle séduit les intelligences. – Aussi, chacun veut-il son horoscope. – Au IIIe siècle, l'astrologie a toutes les caractéristiques d'une religion. L'idée de la "sympathie" est devenue un sentiment profond qui porte l'âme à communier, par la contemplation du ciel, avec le mystère du monde. Le fond de tous ces dogmes, c'est le fatalisme, qui est proclamé par des écrivains, par des empereurs, et qui correspond bien à l'état d'esprit où la vie défaille.»

Ces pratiques ont traversé le temps, et même les Chrétiens s'adonnaient à ces exercices d'incantations et de superstitions. Mais l'on peut dire que l'âge d'or de l'astrologie fut sans contredit le Moyen Âge. Et la paix à cette époque dépendait de l'horoscope, de la divination. Même devant les pires erreurs des astrologues, on continuait à les écouter. La fin du monde a même été annoncée pour le mois de septembre 1186. Et rien de tout cela n'est arrivé, sauf la crainte et l'angoisse que ces prédictions provoquaient. Dans les temps modernes, l'astrologie avait encore beaucoup d'adeptes. En France, les rois avaient leurs astrologues: Charles v fonda un collège d'astrologues; l'astrologue de Louis xi annonça un nouveau déluge pour février 1524, ce qui n'arriva point; Catherine de Médicis implorait les astres avec Nostradamus au sommet d'une tour qu'elle avait fait construire près de son hôtel de Soissons; Louis xiii fut surnommé Le Juste parce qu'il était du signe de la Balance; à la naissance de Louis XIV, l'astrologue de la cour, Morin, fit l'horoscope du nouveau roi.

Encore aujourd'hui, la tendance à consulter les voyants, les spirites, les spécialistes d'horoscopes, les tireurs de cartes, de thé et les diseuses de bonne aventure ne fait que perpétuer l'inquiétude des gens en leur vendant du rêve. Face à toutes ces «sciences» occultes, il faut être prudent et surtout ne pas croire qu'elles peuvent nous apporter un bien-être physique, mental ou moral.

Un autre danger vous menace si vous n'êtes pas suffisamment sur vos gardes. C'est celui de vous sentir inutile. Vous ne faites plus du «neuf à cinq», vous ne voyez plus vos collègues de travail, vous n'êtes plus entouré de personnes, vous ne faites plus avancer les choses. Alors, si vous ne réagissez pas, il peut se développer dans votre esprit des idées sombres, vous vous apercevez tout à coup que vous dormez moins bien, que vous avez parfois des palpitations cardiaques et puis voilà, c'est la dépression nerveuse. Si c'est le cas, n'attendez pas pour consulter votre médecin. Ce genre de maladie se soigne. Il est souhaitable que vous vous disiez qu'à la retraite, vous devenez le maître de vous-même, le maître de votre temps, que vous êtes libre d'aller où vous le désirez et à l'heure qui vous convient.

Comme pour un travail, vous aurez à planifier vos rencontres avec des amis, vos loisirs, bref, il vous faudra gérer votre vie. Vous aurez donc à vous y habituer. C'est une autre vie qui commence. La balle est dans votre camp.

Alimentation

Nous venons de voir que l'esprit a besoin de nourriture pour bien fonctionner et procurer un état de bien-être mental. Il en est de même pour le corps. Vous aurez donc également à vous tracer une conduite de vie adaptée à votre nouvelle situation et commencer par modifier vos habitudes alimentaires. Il ne faut pas se le cacher, les travailleurs mangent souvent «sur le pouce» et trop souvent du *fast food*. Et si je pense aux dîners d'hommes d'affaires, alors là, c'est la «bouffe». Par conséquent, pour adapter votre alimentation à votre nouvelle vie, vous avez tout un programme à développer. Comme je sais par expérience que l'alimentation se classe assez loin dans la liste des préoccupations des travailleurs, permettez-moi de vous rappeler les règles alimentaires canadiennes qui nous indiquent les aliments nutritifs nécessaires à la santé. Je n'entrerai pas dans les détails de fibres, de calories vides, de glucides, de lipides et de protides, votre médecin ou une diététiste pourra vous conseiller à ce sujet le cas échéant. Je veux simplement vous transmettre les conseils pratiques de nos professeurs de l'École d'hygiène de la faculté de médecine de l'Université de Montréal, où j'ai étudié. À l'époque, on parlait de cinq groupes d'aliments qui devaient nous assurer une santé saine: le lait, les fruits, les légumes, le pain et les céréales, la viande et le poisson. Comme la science de la nutrition évolue continuellement, on parle maintenant de quatre groupe d'aliments: le lait et les produits laitiers, les fruits et les légumes, le pain et les céréales, la viande et ses substituts.

D'après le dépliant de Santé et Bien-Être social Canada (Direction générale de la protection de la santé, 1001 boulevard Saint-Laurent Ouest, Longueuil, téléphone: (514) 646-1353), un adulte doit consommer chaque jour au moins deux tasses de lait ou un produit de substitution (yogourt, fromage cottage, fromage cheddar ou fromage fondu: 1 once et demie); environ deux tasses de fruits et légumes (au moins deux légumes) qui lui fourniront vitamines, minéraux et fibres; trois à cinq portions de pain et céréales (à grains entiers); quatre à six onces de viande ou de poisson par jour, de la volaille, des légumineuses ou autres aliments de même nature. N'attendez pas que votre tour de taille augmente trop pour vous faire prescrire une diète par une diététiste, par les services de santé des hôpitaux, des départements de services communautaires (C.L.S.C.) ou par tout autre département de nutrition. Vous trouverez la liste de ces organismes dans votre annuaire téléphonique sous la rubrique «Hôpital». En résumé, il est important que dans votre alimentation, vous variiez vos aliments quotidiennement en choisissant à chaque repas votre nourriture dans deux ou trois des groupes ci-dessus énumérés. De cette façon, vous fournirez à votre corps l'énergie nécessaire pour bien fonctionner (circulation, digestion, exécution des tâches normales, etc.). Vous l'alimenterez en calcium et en phosphore, indispensables à la santé des os et des dents et vous vous maintiendrez en forme grâce à un apport d'eau et de cellulose.

Services de santé assurés hors du Québec

Comme vous le savez, tous les résidents du Québec ont le droit de se faire soigner gratuitement en vertu de la loi sur l'Assurance-maladie. Comme la Régie de l'Assurance-maladie existe depuis longtemps, vous en connaissez sûrement le mode de fonctionnement et tous les services qui s'y rattachent. Par conséquent, je vais éviter de répéter ce que vous connaissez déjà pour m'attarder davantage sur les services de santé assurés hors Québec.

Souvent, on voyage à l'extérieur du Québec sans trop se préoccuper de la santé et puis, un beau jour, on doit être hospitalisé. Bien souvent, la «facture» est salée. Voilà pourquoi les renseignements ci-dessous vous permettront d'éviter des déceptions. Au départ, soulignons que si vous êtes titulaire d'une carte d'assurance-maladie valide et que vous séjournez hors Québec plus de 182 jours, consécutifs ou non (les séjours de moins de 21 jours ne comptent pas), vous n'êtes pas éligible au remboursement des services de santé pendant votre séjour. Mais, une fois tous les sept ans, on permet jusqu'à 12 mois d'absence.

Dans les autres cas, le remboursement est assuré, mais il y a des distinctions à faire si vous voyagez dans une autre province canadienne ou hors du Canada. Au Canada, les services professionnels d'un médecin sont gratuits à la condition que ce dernier accepte les tarifs de la Régie de l'assurance-maladie du Québec. Il vous suffit de lui présenter votre carte-soleil et le tour est joué. S'il n'accepte pas les tarifs du Québec, vous lui payez ses honoraires et vous vous faites rembourser une fois rentré au Québec, selon les tarifs en

61

vigueur. Pour cela, n'oubliez pas de joindre à votre demande le reçu du médecin traitant. Si, par exemple, le médecin vous demande 25 $ et que la Régie vous rembourse 15 $, vous aurez à assumer un montant de 10 $. Toutefois, les services hospitaliers ou les services en clinique externe sont gratuits au Canada. Vous n'avez qu'à présenter votre carte d'assurance-maladie pour que l'hôpital fasse le nécessaire. Si vous avez payé les services reçus, vous pourrez en obtenir le remboursement à la Régie.

Aux États-Unis, le scénario est très différent. En Floride, par exemple, le tarif est de 75 $ pour une consultation de médecin. Vous aurez ensuite à vous faire rembourser par la Régie selon les tarifs en vigueur (15 $ environ). Quant aux services hospitaliers, il est très important d'en connaître les règles pour ne pas être déçu. La Régie ne remboursera qu'en cas de «maladies subites» ou de «situations d'urgence». Par exemple, vous êtes en Floride et vous faites une crise cardiaque. Vous êtes hospitalisé pendant 15 jours et les frais d'hospitalisation s'élèvent à 27 000 $. La Régie paiera un maximum de 400 $ par jour (donc 6 000 $) et le reste, soit 21 000 $, sera à votre charge. D'où l'importance de contracter avant le départ une assurance privée pour couvrir la partie que la Régie ne paie pas.

Pour toute demande de remboursement, il faut joindre au formulaire de la Régie le numéro d'assurance sociale, la signature du demandeur, les renseignements demandés et les pièces justificatives. Le tout doit être envoyé à la Régie de l'assurance-maladie du Québec, Case postale 6600, Québec (Québec) G1K 7T3.

Pour obtenir de plus amples renseignements ainsi que le formulaire de demande de remboursement, il faut composer l'un des numéros suivants:

Québec: (418) 646-4636
Montréal: (514) 864-3411
Ailleurs au Québec: 1 800 561-9749

Soins à domicile

Les personnes qui désirent demeurer à leur domicile peuvent bénéficier des services de soins infirmiers et même d'aide matérielle. Par exemple, pour les personnes les plus démunies et celles qui sont en perte d'autonomie, des traitements à domicile sont prévus (injections, changements de pansements, etc.). Certains soins particuliers comme les bains, la préparation des repas, le ménage ou le lavage peuvent être effectués sur demande au C.L.S.C. de votre quartier, au centre des services

63

sociaux (C.S.S.) de votre territoire ou au D.S.C. de votre secteur.

Connaître ses forces et ses faiblesses

Le dictionnaire *Larousse* définit la retraite comme l'action de se retirer de la vie active. Cette définition, vous en conviendrez, laisse entrevoir une fin de parcours. Comme je le dis souvent à mes amis: «Oui, je suis à la retraite, mais non retraité.» Qu'on le veuille ou non, dans cette nouvelle vie, vous aurez, enfin, des décisions à prendre. Vous n'en avez sans doute pas l'habitude parce que jusque-là votre ancien patron décidait à votre place. Vous aviez quand même l'impression d'être maître à bord. Ce n'est pas mauvais en soi. Comme on dit, c'est bon pour le moral. Mais, aujourd'hui, pour bien remplir votre temps, puisqu'il vous appartient entièrement, vous avez votre destin en main pour la première fois. Vous êtes face à vous-même. Pour y arriver, vous aurez à faire un examen loyal de vos possibilités, c'est-à-dire bien connaître vos forces, vos faiblesses, votre caractère afin de mieux choisir, par la suite, vos activités. Sans aucun doute, bien connaître son caractère est essentiel pour s'accepter soi-même tel que l'on est. Cet auto-examen ne vous empêchera pas de réagir positivement.

Retenez bien qu'il n'y a pas fondamentalement de bons et de mauvais caractères. Bien sûr, on entend dire souvent, «telle personne a une personnalité pauvre, telle autre a une personnalité riche», ainsi il ne faut pas mêler les pommes et les oranges. Restons-en à ce qui est fondamental, c'est-à-dire au caractère qui fait la force et la faiblesse de chacun.

Certes, pour bien se connaître, il faut s'observer dans la vie de tous les jours, analyser ses réactions face à telle ou telle situation et faire l'inventaire de ses modes d'action habituels, mais il faut également des outils appropriés permettant d'interpréter les résultats de cette démarche. Voilà pourquoi j'ai pensé vous présenter le système de classification de Heymans-Le Senne à cause de sa simplicité et de son côté pratique. La typologie que ces auteurs ont développée dans leur approche caractérologique vous amènera à vous découvrir dans votre milieu habituel.

Les différents types de caractère

Comme le dit si bien Le Senne dans son traité de caractérologie, les groupes typologiques sont de trois ordres et présentent des approximations:

- l'émotivité et la non-émotivité représentées par les symboles E et nE;
- l'activité et la non-activité définies par A et nA;
- la secondarité et la primarité désignées par S et P.

L'émotivité et l'activité sont des dispositions énergétiques très puissantes qui ont comme rôle premier de soutenir le moi. Tout le monde possède une dose plus ou moins forte d'émotivité, mais certains sont plus émotifs que d'autres.

L'émotif demeure impressionné face à certaines situations quand la plupart des gens ne le sont point ou le sont moins. Le non-émotif (n-E) reste plutôt indifférent face aux mêmes situations et ses réactions sont à peine perceptibles. L'activité désignée par le symbole A est une disposition naturelle qui porte quelqu'un à l'action. On dit qu'une personne est active quand elle est capable de résister aux obstacles et de fournir des efforts soutenus.

Quant à la primarité (P) et à la secondarité (S), soulignons que ces deux propriétés définissent, dans le premier cas, des personnes qui réagissent rapidement à une situation et, dans le second cas, des personnes impressionnables dont les réactions sont retardées ou inhibées.

Les primaires vivent du moment présent, aiment le changement et demeurent inconstants. Les secondaires mijotent plutôt les choses intérieurement et n'aiment pas les changements trop brusques.

Les variations au sein de chacun de ces symboles nous donnent huit types-repères que je vais analyser de façon schématique. Mais, auparavant, soulignons que les types ainsi définis n'ont aucune valeur absolue. Par conséquent, je ne vous les présenterai qu'à titre indicatif. Ainsi, un nerveux n'est pas toujours une personne agitée, irritable, mais la science de la caractérologie le situe comme étant un émotif inactif et primaire. Voyons maintenant la signification des différents groupes caractériels déterminés par Le Senne et utilisés par Mounier, Spearman, Berger et d'autres.

Le nerveux (E. nA. P.)

Le nerveux est donc un émotif, inactif et primaire. Émotif, parce qu'il est superficiel, capricieux, et qu'il réagit immédiatement face à une situation particulière. Cette réaction qui ne quitte jamais son émotivité et que vient heurter son inactivité est très impulsive. Incapable de ramener à l'ordre sa vive émotivité par manque d'énergie et de persévérance, le nerveux se laisse guider par son cœur et ses désirs. Et la primarité (P) qui le caractérise, exaltée par son émotivité, l'amène à s'éparpiller et à changer à tout instant.

Mais, sur le plan social, le nerveux est bien adapté. C'est l'homme des confidences. Il est considéré comme le pourvoyeur de nouvelles.

Parmi les personnages les plus illustres de ce type, citons Mozart, Chopin, Musset et Verlaine.

Le sentimental (E. nA. S.)

Comme le nerveux, le sentimental est émotif et inactif. Mais la fonction secondaire (S) de ce dernier le rend solitaire, anxieux, mélancolique et méditatif.

Son émotivité secondaire le rend très sensible, donc très vulnérable. C'est un grand blessé qui vit pour lui et en lui. Quand on pense, par exemple, à Jean-Jacques Rousseau, cet écrivain du XVIIIᵉ siècle, ce grand solitaire qui aimait se réfugier dans ses rêves, on comprend bien le monde tout intérieur du sentimental.

Sur le plan social, le sentimental est sérieux, mais assez timide quand même dans ses rapports avec autrui.

68

Le colérique (E. A. P.)

Voilà le type de l'extraverti par excellence, à la fois émotif, actif et primaire. C'est l'exubérance dans sa plus pure expression.

Le colérique, c'est l'homme d'action qui, parfois, ne termine pas son travail avant de passer au suivant. C'est donc l'action pour l'action qu'il recherche avant tout.

Contrairement au sentimental (A. S.), le royaume du colérique (A. P.) est extérieur. Il nous donne l'impression d'être un bon vivant, optimiste, enthousiaste. Mais parfois, son manque de goût et de mesure lui jouent des tours et lui enlèvent de la profondeur.

Très sociable, le colérique a souvent tendance à l'exhibitionnisme intellectuel. Victor Hugo, George Sand et Charles Péguy étaient de ce type.

Le passionné (E. A. S.)

Le syndrome E. A. propre aux colériques et aux passionnés les pousse vers l'action et l'altruisme. Mais, par sa secondarité (S), le passionné se préoccupe davantage du passé et son action devient, alors, plus riche en moyens et en fins. Il aime également la systématisation parce qu'il emploie ses

69

moyens et ses fins dans la poursuite d'objectifs très spécifiques. Et tout ce qui ne convient pas à ses objectifs, il l'écarte de son chemin.

Le passionné est donc un 1000 volts et il prend tous les moyens pour réaliser ses ambitions. Il vise très haut comme le génie, l'entrepreneurship ou tout autre domaine où il peut innover. Pensez, par exemple, à Napoléon, à Newton et à Pascal et vous avez, alors, le passionné typique.

Le sanguin (nE. A. P.)

La personne qui possède ce caractère est non émotive, active, primaire. Donc, elle se retrouve à l'opposé du sentimental. Le sanguin est le type par excellence de l'extraversion: l'émotivité étant réduite, il se voit donc attiré par les choses extérieures. D'où sa grande facilité d'adaptation et sa soumission parfois exagérée qui frôle parfois l'esclavage.

Par son manque d'émotivité, le sanguin est privé de vie intérieure. Ce n'est pas le genre méditatif. Il aime plutôt brasser des affaires et sa curiosité le pousse à l'opportunisme en politique. Voltaire, Machiavel et Madame de Sévigné, par exemple, étaient de type sanguin.

Le flegmatique (nE. A. S.)

Le flegmatique se rapproche du passionné (E. A. S.), mais présente moins d'émotivité. Le Senne dirait que c'est un passionné froid. Il est donc calme, très structuré, méthodique, mais son esprit n'a rien de subtil. D'une logique rigoureuse, il voit les choses sans raffinement.

Même si sa vie affective n'est pas très développée, sa vie active, en revanche, est très vigoureuse.

Très courageux face aux épreuves, constant dans ses activités, le flegmatique entretient des relations plutôt froides avec autrui. Rappelons quelques grands de ce monde qui étaient flegmatiques: Bergson, Kant, Gauss, Franklin, Taine.

L'amorphe (nE. nA. P.)

Le caractère amorphe est à l'opposé de celui du passionné (E. A. S.). C'est le moins hardi de tous les caractères. Le syndrome nE. nA. le porte à la paresse, l'empêche de soutenir de longs efforts et l'oblige toujours à se reposer.

Pour lui, «il n'y a rien là», tout finit toujours par s'arranger. Il n'a donc pas d'ambition, il est terre à terre, comme son corps. Il a donc besoin d'être

71

encadré sérieusement pour bouger. Aussi surprenant que cela puisse paraître, Louis xv et La Fontaine étaient des amorphes.

L'apathique (nE. nA. S.)

Comme l'amorphe, l'apathique se reconnaît par le syndrome nE. nA. Lui aussi est rongé par la paresse, l'insouciance, l'indifférence, mais il possède une propriété positive: la secondarité (S). Cette dernière disposition lui donne une certaine régularité, mais il demeure quand même sous l'emprise de l'habitude, faute d'énergie. Très respectueux des règlements, conformiste, il recherche le calme, la paix et la sérénité de l'esprit. L'apathique est centré sur sa personne, son corps, ses maladies imaginaires. Louis xvi était apathique.

Test caractériel pour mieux se connaître

Le test ci-dessous est un questionnaire très simple qui peut vous servir d'indication si vous désirez vous connaître un peu mieux. Basé sur les huit groupes caractérologiques décrits ci-dessus, il comprend 30 traits de caractère qui déterminent des tendances. Il n'y a donc pas de bonnes ou de mauvaises réponses. Le test ne cherche pas à vous apprécier, mais à vous aider à mieux connaître votre nature. Il s'agit de répondre **oui** ou **non** à chacune des questions et par la suite, de faire la compilation des réponses et de les interpréter à partir des cotes indiquées après le questionnaire.

Questions	Oui	Non
1. Dans certaines circonstances, vous arrive-t-il de rougir ou de pâlir facilement?		
2. Êtes-vous facilement indiscipliné?		
3. Cherchez-vous toujours le changement?		
4. Parlez-vous facilement de vos problèmes personnels?		
5. Paniquez-vous facilement devant une situation particulière?		
6. Acceptez-vous facilement les taquineries?		
7. Êtes-vous d'humeur changeante?		
8. Êtes-vous plus concret qu'abstrait?		
9. Perdez-vous facilement patience quand rien ne fonctionne à votre goût?		
10. Avez-vous beaucoup de facilité de communication avec autrui?		
11. Êtes-vous capable d'initiative?		
12. Aimez-vous le sport et l'exercice physique?		

13. Êtes-vous persévérant dans vos travaux? _____ _____

14. Avez-vous le sens pratique développé? _____ _____

15. Êtes-vous porté vers les choses
extérieures? _____ _____

16. Êtes-vous à l'aise avec les gens? _____ _____

17. Avez-vous un esprit vif? _____ _____

18. Êtes-vous spontané? _____ _____

19. Préférez-vous les activités physiques
aux activités intellectuelles? _____ _____

20. Avez-vous le sens de l'organisation? _____ _____

21. Êtes-vous facilement influençable? _____ _____

22. Changez-vous souvent d'idée? _____ _____

23. Terminez-vous toujours un travail
commencé? _____ _____

24. Pensez-vous parfois aux choses que
vous auriez pu faire? _____ _____

25. Aimez-vous le changement? _____ _____

26. Demeurez-vous en colère longtemps? _____ _____

27. Passez-vous facilement d'un travail
à un autre? _____ _____

28. Réfléchissez-vous longtemps avant
de commencer un travail? _____ _____

29. Tenez-vous vos promesses facilement? _____ _____

30. Avez-vous tendance à vous faire valoir? _____ _____

Interprétation des résultats

Pris isolément, les facteurs étudiés peuvent être interprétés comme suit:

Questions	Nombre de réponses	Caractère
1 à 10	Plus de 5 oui	Émotif
	5 non et moins	Non émotif
11 à 20	Plus de 5 oui	Actif
	5 non et moins	Non actif
21 à 30	Plus de 5 oui	Primaire
	5 non et moins	Secondaire

Si vous interprétez chaque facteur en relation avec les autres, vous pourrez, par exemple, retrouver les combinaisons suivantes:

– une cote élevée du facteur émotif (E) associée à une cote au-dessus de 5 de l'activité (A), un facteur d'activité (A) inférieur indiquerait plutôt un caractère passif, anxieux, porté à la rêverie;

– par contre, une cote E très basse ne pourrait influencer le facteur A et signifierait chez vous un caractère très calme, une certaine froideur dans les rapports avec autrui;

– une cote d'activité (A) proche du maximum empêche l'émotivité (E) d'équilibrer votre caractère en exagérant votre besoin d'agir;

75

- une cote trop élevée du caractère secondaire (S) est l'indication d'une forte tendance à l'introversion;
- à l'inverse, une cote de secondarité (S) trop faible indique l'extraversion;
- si le facteur activité (A) est trop subordonné au syndrome E. S., le repli sur soi est à craindre.

Déterminer ses aptitudes

À chaque caractère correspondent un certain nombre de prédispositions qui constituent notre hérédité. C'est comme si nous avions une plaque de cire sur laquelle peuvent s'imprimer une foule de données comme, par exemple, les aptitudes.

Chez le nerveux (E. nA. P.), son fond le plus intime le pousse vers les choses artistiques. Certainement doué d'une imagination vive et prompt à s'émouvoir, il possède une grande curiosité pour les choses de l'esprit. Toutefois, le retraité de ce type doit se méfier de son inconstance dans le choix d'une activité précise. À cet égard, Le Senne nous rapporte que l'instabilité de Rimbaud l'a amené à exercer à peu près tous les métiers, entre autres débardeur à Marseille, soldat à Java, employé de cirque en Suède.

76

Le second caractère qui porte en lui le syndrome émotif-inactif est le sentimental (E. nA. S.). Introverti et enclin à ruminer le passé, ce type vulnérable a tendance à s'écarter du réel. Rêveur, le sentimental est très porté vers les sciences abstraites et techniques. En revanche, il peut exceller dans les carrières à caractère littéraire, psychologique et artistique. Par conséquent, les activités professionnelles qui exigent de nombreux contacts humains comme le commerce ou le fonctionnariat ne lui conviennent pas.

Le troisième groupe caractériel défini par une forte propension à l'activité comprend les actifs-émotifs. Le colérique (E. A. P.), par exemple, reconnu pour ne s'intéresser qu'aux résultats immédiats, est le type idéal de l'enseignant, de l'homme politique ou du journaliste. Doué d'un talent d'orateur et d'improvisateur, il devra, toutefois, se surveiller et ajouter de la profondeur dans ses paroles.

Quant au passionné (E. A. S.), considéré comme un caractère intéressant surtout à cause de son raisonnement rigoureux et de sa capacité de création, il se réalisera dans les mathématiques, la biologie, la psychologie et l'histoire. Les arts et les travaux manuels lui sont contre-indiqués.

Les deux caractères suivants sont actifs comme les passionnés et les colériques, mais ils manquent d'émotivité. Les sanguins (nE. A. P.), comme nous l'avons déjà vu, ont des prédispositions naturelles pour le mouvement, la société et le monde sensoriel. Comme ils ne sont pas de grands créateurs ni de grands organisateurs, mais plutôt des improvisateurs, on les voit de préférence dans le commerce, la politique, la diplomatie, à cause de leur sens pratique très développé.

De son côté, le flegmatique (nE. A. S.) se rapproche du passionné (E. A. S.), mais à cause de son manque d'émotivité, il est, selon Le Senne, un passionné froid qui possède comme ce dernier une très grande énergie active. Le biographe de Taine a bien défini ce caractère par les trois mots suivants: «il naquit, il travailla et mourut.»

Dès lors, nous pouvons dire que le caractère flegmatique est le type par excellence des carrières scientifiques, techniques et juridiques. On le voit également dans l'administration, la magistrature et l'enseignement.

Enfin, les deux derniers caractères (amorphe et apathique) se ressemblent parce qu'ils possèdent, tous les deux, le groupe nE. nA.

Les amorphes (nE. nA. P.) sont les caractères les moins dynamiques qui soient. Passifs, ils vivent dans le présent et sont portés à négliger les travaux qu'on leur confie. Parfois, leur intelligence réelle et vive voudrait s'imposer, mais comme le corps, elle se fatigue vite devant l'effort. Très peu intéressés par les activités patriotiques et scientifiques, les véritables amorphes sont plutôt portés vers la musique et l'art scénique. Ils peuvent exceller dans des postes modestes, mais ils devront tout de même être encadrés.

Voici, en dernier lieu, les apathiques (nE. nA. S.), caractères dominés par l'indifférence et la nonchalance. Comme ils aiment le calme et la paix, ils ne seront pas, eux non plus, attirés par les activités sociales et scientifiques. Plus asthéniques que paresseux, les apathiques aiment avoir des responsabilités très immédiates. Voilà pourquoi on les retrouve comme employés de commerce, employés de bureau, surveillants ou tout autre emploi de routine.

Élaborer son dossier personnel

Toutes les données que vous recueillerez sur vous-même concernant votre état de santé, votre situation sociale, psychologique et caractérologique pourraient être compilées dans votre dossier personnel. Ce dossier, que vous préparerez avec soin, devrait vous permettre de saisir rapidement vos forces et vos faiblesses, vos goûts et vos intérêts ainsi que vos limites. Ordinairement, dans un dossier personnel, on trouve un certain nombre de fiches correspondant aux objectifs fixés. Dans votre cas, il pourrait comporter une fiche de santé, une fiche sociale, une fiche caractérologique, une fiche d'expériences acquises, une fiche financière et une fiche d'activités particulières.

Par exemple, dans la fiche de santé, vous pourriez retrouver le portrait actuel de votre condition physique et certaines considérations négatives qui pourraient vous dissuader de vous diriger vers telle ou telle activité.

La fiche sociale contiendrait vos observations concernant votre état civil, votre niveau social et culturel, vos ambitions et votre passé personnel. Il est important également de signaler les circonstances qui vous ont permis d'évoluer.

Quant à la fiche caractérologique, elle contiendrait toutes les données concernant votre caractère et vos prédispositions particulières tels que définis précédemment.

Votre fiche d'expériences acquises vous indiquerait l'itinéraire que vous avez suivi au cours de votre carrière professionnelle et signalerait les expériences qui vous ont le plus enrichi sur le plan humain.

Après avoir lu la cinquième partie concernant le bilan de vos états financiers, vous seriez prêt à faire une fiche financière.

Enfin, la fiche d'activités particulières comprendrait, à la fois, vos activités passées et futures dans les domaines physique, culturel et social.

Après avoir constaté les faits, vous pourriez, si le cœur vous en dit, tenter de les expliquer. Ici, il s'agirait d'interroger les différents éléments que vous auriez consignés dans les différentes fiches. Par exemple, vous pourriez vous demander pourquoi vous avez de la difficulté à vous entendre avec les autres, pourquoi vous n'étiez pas heureux dans le travail qu'on vous confiait, quelles activités professionnelles vous aimez le mieux. Autant de questions parmi d'autres que vous devez vous poser pour bien étayer votre dossier personnel.

Faire le bilan de ses états financiers

Si vous êtes dans la soixantaine, il est temps de faire le point sur les revenus dont vous disposerez pour profiter de vos vieux jours. À cet égard, un fiscaliste me disait récemment que toutes les prestations qui sont versées à un retraité par des organismes publics ne visent pas à l'enrichir (vous vous en doutiez), mais à équilibrer ses revenus diminués. Les principales rentes et prestations payables à la retraite et dépendant de l'âge sont les suivantes: sécurité de la vieillesse, régime des rentes du Québec, régime privé de retraite et éventuellement régime enregistré d'épargne-retraite (R.E.E.R.) ou fonds enregistré de revenu de retraite (F.E.R.R.).

Pension de la sécurité de la vieillesse

La pension de la sécurité de la vieillesse s'adresse aux personnes de 65 ans et plus résidant au Canada et qui ont fait une demande officielle de prestation mensuelle. Toutefois, si vous désirez quitter définitivement le Canada à votre retraite, vous aurez quand même droit aux prestations si vous démontrez que vous avez résidé au Canada pendant au moins 20 ans après l'âge de 18 ans. Les personnes qui ont résidé au Canada pendant au moins 10 ans après l'âge de 18 ans et qui résident toujours au Canada ont droit à une pension partielle équivalente à 1/40e de la pension intégrale pour chaque année complétée au Canada après l'âge de 18 ans.

Si vous avez vécu ou travaillé dans un pays qui a déjà signé un accord de sécurité sociale avec le

Canada, vous êtes également admissible à la pension de sécurité. La demande de pension devrait se faire de six mois à un an d'avance pour s'assurer de recevoir les prestations à temps. Pour présenter votre demande, il suffit de vous procurer les formulaires requis dans l'un des bureaux des programmes de sécurité du revenu, de bien les remplir, d'annexer votre certificat de naissance et de lui renvoyer le tout. Vous commencerez à recevoir vos prestations le mois qui suit votre 65e anniversaire de naissance. Les paiements seront par la suite effectués au cours des trois derniers jours ouvrables de chaque mois, sous forme de dépôts directs à votre banque ou de la façon dont vous conviendrez avec les autorités responsables.

Supplément de revenu garanti (Canada)

Ce supplément de revenu garanti s'adresse aux personnes susceptibles de recevoir la pension de la sécurité de la vieillesse dont les revenus sont limités. Une demande doit être faite à cet effet et après étude de votre dossier, le ministère de la Santé et du Bien-être social déterminera si vous avez droit à ces prestations.

Allocation au conjoint

L'allocation au conjoint fait également partie du programme de la sécurité de la vieillesse. Cette prestation est allouée au conjoint, veuf ou veuve de 60 à 64 ans, dont le revenu est insuffisant. Pour être admissible à cette prestation, le conjoint doit avoir 65 ans ou plus et recevoir le supplément de revenu garanti. Est considéré comme revenu tout montant d'argent que vous recevez, pension de retraite, intérêts, dividendes, loyers et autres, bref, toute somme qui ne provient pas d'un programme gouvernemental.

Régime des rentes du Québec

Le régime des rentes du Québec instauré le 1er janvier 1966 est une assurance obligatoire qui prévoit le paiement de prestations à la retraite et dans les cas d'invalidité ou de décès.

Le ministère du Revenu perçoit les cotisations, la Caisse de dépôt et placement du Québec fait fructifier l'argent accumulé, et la Régie des rentes du Québec a la responsabilité du paiement des prestations. La rente de retraite est payable dès l'âge de 60 ans moyennant une légère pénalité (environ 6 % par année), mais il est recommandé de la demander à cet âge si vous comptez prendre la retraite. Toutefois, si vous recevez des prestations d'aide sociale ou des allocations d'ancien combattant, il est préférable d'attendre à 65 ans pour recevoir votre rente, étant donné que le montant des rentes serait déduit des deux prestations. Par ailleurs, si vous recevez l'allocation au conjoint pour veuf ou veuve en vertu du Programme de la sécurité de la vieillesse, le montant de votre rente pourra aussi être réduit. Il faudra, alors, vous renseigner avant de demander votre rente de retraite.

Une rente d'invalidité est également payable à toute personne qui n'a pas atteint l'âge de 65 ans et qui est déclarée invalide par la Régie. Toutefois, pour recevoir ces prestations, il faut répondre à des conditions précises. Pour les connaître, communiquez avec la Régie.

Une rente de décès, une rente de conjoint survivant et des rentes d'orphelins peuvent être demandées si la personne décédée a cotisé entre trois et dix ans. Il va sans dire que le montant de la rente variera selon l'âge au décès. Pour connaître toutes les conditions d'admissibilité, il faut communiquer avec la Régie.

Vous devez faire une demande de rente de retraite quatre mois avant la date d'admissibilité.

Vous trouverez les formulaires dans les caisses Desjardins, les bureaux de Communication-Québec ou l'un des bureaux de la Régie des rentes du Québec.

Pour téléphoner à la Régie des rentes sans frais interurbains, composez l'un des numéros suivants:

Région de Québec: (418) 643-5185
Région de Montréal: (514) 873-2433
Ailleurs au Québec: 1 800 463-5185

Assurance-chômage

À l'âge de 65 ans, vous avez droit à des prestations d'assurance-chômage si vous avez travaillé un certain nombre de semaines dans l'année précédente. Dans les jours qui suivent votre 65e anniversaire, remplissez le questionnaire que vous obtiendrez au bureau d'assurance-chômage le plus près de chez vous et retournez-le dans les plus brefs délais. Dans les pages bleues de votre annuaire téléphonique, à la rubrique «Gouvernement du Canada», vous trouverez le renseignement que vous cherchez.

Aide sociale

Les personnes de 65 ans et plus qui reçoivent les prestations des régimes de sécurité de la vieillesse et de rentes du Québec n'ont pas droit à l'aide sociale. Elles sont, alors, considérées comme aptes à subvenir à leurs besoins courants (nourriture, logement, vêtements).

Anciens combattants

Les anciens combattants qui ont œuvré dans les Forces armées du Canada ou dans les Forces alliées peuvent être admissibles à une pension d'invalidité, une pension aux personnes à charge, des soins médicaux. Pour en savoir davantage, veuillez communiquer avec le ministère des Anciens combattants, 284 rue Wellington, Ottawa (Ontario), K1A 0P4.

Les deux organismes suivants peuvent également venir en aide aux vétérans:

La Société canadienne de la Croix-Rouge
La Légion royale canadienne

87

Régime enregistré d'épargne-retraite (R.E.E.R.)

Au départ, je tiens à souligner que les retraits de votre R.E.E.R. ne feront pas diminuer les prestations de votre régime de rentes du Québec. Cependant, un impôt sera prélevé à la source. La cotisation que vous versez chaque année dans ce régime d'épargne-retraite efficace prendra fin dans l'année au cours de laquelle vous atteindrez l'âge de 69 ans. À l'échéance, vous aurez donc le choix de transférer votre R.E.E.R. dans un Fonds enregistré de revenu de retraite (F.E.R.R.) ou d'acheter une rente. Pour ma part, je vous déconseille de retirer votre R.E.E.R. parce que vous en payeriez une bonne partie en impôt.

Concernant le F.E.R.R., je peux dire qu'il est la suite logique du R.E.E.R. Cependant, il est obligatoire d'en retirer un montant minimal chaque année. Comme vous ne devriez plus avoir d'argent dans votre F.E.R.R. à l'âge de 90 ans, vous devrez, la première année, retirer au moins $1/21^e$ de la somme totale, $1/20^e$ la deuxième année, $1/19^e$ la troisième et ainsi de suite. Vous pourriez également, selon vos besoins, faire varier le montant des retraits et en choisir la fréquence (mensuels, trimestriels, semestriels ou annuels).

Quant aux rentes, elles n'offrent pas la même souplesse qu'un F.E.R.R. dans la mesure où une institution s'engage à vous assurer pour une période déterminée un montant fixe. Il vous est possible d'acheter avec votre R.E.E.R. trois types de rentes:

- Une rente viagère comportant une période de garantie de 5, 10 ou 15 ans;
- Une rente viagère réversible comportant également une période de garantie, en cas de décès; elle sera alors versée à votre conjoint;
- Une rente viagère certaine dont la garantie expire à l'âge de 90 ans.

Si vous voulez vous occuper vous-même de vos affaires et de votre retraite, la souplesse du F.E.R.R. vous conviendra très bien. Mais, si vous désirez plutôt recevoir des montants fixes, convertissez votre R.E.E.R. en rentes viagères. Dans ce cas, un bon courtier pourra vous obtenir les meilleurs taux disponibles sur le marché.

Bas de laine

Certaines personnes du troisième âge ont la mauvaise habitude de cacher de l'argent dans des endroits bizarres, à l'abri de tout, pensent-elles. Mais

89

les journaux nous rapportent souvent des cas de personnes qui ont dévoilé leur cachette aux voleurs sous la menace et parfois à la suite de brutalités.

Les obligations, les bijoux précieux et autres papiers importants peuvent facilement être déposés dans le coffret de sûreté d'une institution financière moyennant un coût de location raisonnable. Quant à l'argent, il sera beaucoup plus en sûreté dans un compte en banque. Si vous en avez «trop», vous pourriez peut-être penser au régime d'épargne-actions (R.E.A.) ou aux fonds mutuels, mais dans ce domaine, la prudence est toujours de mise.

Régime d'épargne-actions (R.E.A.)

Le régime d'épargne-actions est une formule qui permet d'obtenir des déductions fiscales au Québec, d'une part, et d'autre part, dans des entreprises québécoises. Il faut savoir également que plus le rendement est élevé, plus le risque est grand. Souvent, les retraités qui veulent avoir l'esprit tranquille choisissent plutôt des placements sûrs même si les déductions fiscales sont moindres. Ce genre d'action est communément appelé «Blue Chip». C'est le cas de grosses compagnies solidement installées au Québec depuis longtemps.

90

Si vous désirez recevoir plus de renseignements et obtenir de la documentation sur le sujet, je vous conseille de communiquer avec l'un des bureaux régionaux de Revenu Québec.

Fonds mutuels

Les Fonds mutuels sont des programmes de placement très particuliers axés sur la prudence et qui permettent aux investisseurs de tirer parti des nouvelles occasions de placement. Les R.E.E.R. et les F.E.R.R. en particulier peuvent vous permettre d'acheter de tels fonds.

Ce qu'il faut savoir sur ce genre de programmes, c'est qu'ils rapportent de bons dividendes et tous les gains en capital sont imposés à des taux moins élevés que les intérêts. Pour obtenir de bons rendements, les institutions financières cherchent les meilleures occasions d'investissement dans des portefeuilles composés d'actions ordinaires de grandes sociétés situées en Amérique du Nord, en Europe et même en Extrême-Orient. Par exemple, l'un des premiers fonds mutuels, le Fonds du Commonwealth, créé en 1932, investit dans des sociétés situées dans de nombreux pays et offre un rendement moindre en échange de risques moins grands. D'autres fonds créés depuis plus de 20 ans

91

(Fonds international, Fonds d'actions américaines, Fonds d'actions canadiennes, Fonds de revenus) et d'autres fonds plus récents (Fonds équilibré global, Fonds d'obligations gouvernementales, Fonds du marché monétaire, etc.) permettent aux investisseurs de diversifier leur portefeuille. Mais, dans toutes ces formes de placement, il y a des risques et parfois, de très grands risques. D'où l'importance de bien consulter avant d'acheter. Ce genre d'actions ou parts n'est pas couvert par la Société d'assurance-dépôt du Canada, ni par la Régie de l'assurance-dépôt du Québec, ni par aucun autre assureur. Les institutions financières peuvent vous procurer toute l'aide dont vous avez besoin.

Chapitre 4

CE QU'IL FAUT FAIRE POUR PLANIFIER SA RETRAITE

La vie n'est pas un salon où l'on cause,
mais un laboratoire où l'on pense.
H. TAINE

Établir ses buts et ses objectifs

Après avoir fait votre bilan personnel, il est maintenant temps que vous déterminiez vos buts et objectifs afin de bien planifier votre retraite. Parce que la retraite, c'est le commencement d'une nouvelle vie très différente de celle que vous venez de vivre. Par exemple, désirez-vous rester à la maison et ne rien faire? ou bien, accepter de petits contrats sur ordinateur à la maison, faire du bénévolat, trouver un petit travail à l'extérieur?

Si vous demeurez à la maison avec votre femme, il vous faudra planifier des activités communes et des activités personnelles. Voilà quelques questions parmi d'autres que vous devez vous poser pour bien fixer vos objectifs. Autrement, vous ne ferez rien.

Alors, j'espère que vous êtes convaincu du sérieux de votre situation. Mais, comment fixer ses objectifs? Plusieurs méthodes s'offrent à vous, mais la plus facile est celle-ci:

- établir des objectifs réalisables
- écrire les étapes ou les moyens de les atteindre
- formuler les résultats à atteindre

Au départ, il faut savoir ce que l'on veut. La retraite vous permet de choisir ce que vous auriez aimé faire depuis longtemps. Il ne faut surtout pas vous dire, au départ, que vous connaissez vos besoins. Non, vous devez faire un effort d'évaluation.

J'ai connu des collègues de travail qui me disaient depuis longtemps qu'à la retraite, ils deviendraient agents immobiliers et s'achèteraient un condo en Floride. Malheur! Comme ces derniers, dans leur fonction d'éducation, n'avaient pas l'habitude de faire de la vente par sollicitation, plusieurs sont devenus dépressifs et ont dû abandonner ce genre de travail qui ne leur convenait pas.

Comme je l'ai mentionné dans la première partie, il faut, dans un premier temps, se connaître soi-même avant de se lancer dans des entreprises qu'on peut regretter amèrement par la suite.

96

Si vous désirez travailler à temps partiel, essayez de trouver un travail qui correspond à vos besoins et à vos aptitudes. Vous savez, les aptitudes sont transférables. Ce que vous avez appris au cours de votre vie peut vous servir aujourd'hui dans d'autres domaines. C'est d'ailleurs ce que l'école essaie de faire auprès des enfants afin de les outiller pour leur vie future.

Si vous voulez mettre toutes les chances de votre côté, dites-vous que même à la retraite, vous n'êtes pas retraité. Engagez-vous dans des organisations communautaires locales, apprenez à questionner, à écouter, à demander une chose à la fois, à ne pas demander directement un emploi et à prendre des notes. Cela vous aidera à mieux fonctionner dans votre planification. À partir des tendances caractérielles que vous avez établies dès le début, faites une liste des endroits où vous aimeriez travailler et des emplois que vous aimeriez occuper en tenant compte de ce que vous avez écrit dans la section 3 du troisième chapitre.

Dans un deuxième temps, pour chacun des emplois que vous aurez retenus, continuez à élaborer votre dossier personnel en ajoutant à chacun d'eux une fiche monographique qui pourrait ressembler à ceci:

- Nature du travail:
  - définition ou description
  - fonctions ou spécialités
- Aptitudes ou qualités:
  - physiques
  - intellectuelles
  - caractérielles
  - spécifiques
- Préparation:
  - exigences scolaires
  - apprentissage
- Conditions de travail:
  - atmosphère
  - rémunération
  - perspectives
- Avantages et inconvénients

À ce stade-ci, vous avez peut-être l'impression d'être rendu au choix final, mais ne vous faites pas trop d'illusions. Reprenez le collier et poursuivez votre démarche.

Je vous rappelle que vous en êtes à la troisième étape de votre planification, c'est-à-dire à celle où vous devez prévoir l'utilisation des ressources, préparer une action, vous donner des dates limites, prévoir ce que vous ferez dans une période de temps donnée et vous fixer des critères d'évaluation. À la suite de la lecture des deux chapitres suivants, vous pourrez compléter toutes ces données et vous serez, alors, prêt à prendre une décision finale.

Les loisirs seuls ne suffisent pas

Dernièrement, j'ai demandé à mon voisin qui vient de prendre sa retraite ce qu'il faisait de ses journées. Il me répondit sans hésiter: «Je me couche tard, je me lève tard, je bouffe et je marche.» Voilà le comble de l'oisiveté et la meilleure recette pour éclater. Heureusement qu'il marche quelque peu. Mais, pendant sa promenade, il s'arrête à la taverne pour… «jaser avec des gars». Voilà le chat sorti du sac. Cet homme s'ennuie, ça se voit. Certes, au début de la retraite, on peut se payer «du bon temps» pour une certaine période, mais il faut éviter d'en rester là.

Toutes les recherches nous disent qu'après un certain temps, les loisirs seuls ne répondent plus à nos besoins psychologiques.

Quand vous vous levez le matin, vous devez avoir un but pour vous sentir utile. Cela ne vous empêche pas, parfois, de voyager, d'aller à la pêche, de jouer au golf et de faire du bateau si vous en avez un.

Lorsque je me promène, l'été, et que je vois tous ces bateaux accostés à leur marina, je suis surpris de constater que beaucoup de plaisanciers semblent s'ennuyer. Le premier tour de bateau est très excitant, sans doute. Mais, après un certain temps, cette forme de loisir perd de son attrait, surtout quand il faut passer la plupart du temps accosté le long d'une écluse. Parce que, pour certains, l'essence coûte trop cher.

Et quand je vois qu'on nous fait miroiter, à coup de publicité à la télévision, les avantages de la retraite à 55 ans, je me dis tout simplement qu'on veut nous vendre du rêve.

J'affirme que vivre uniquement de loisirs ne permet pas la détente psychologique. Seul le travail (ou des activités valorisantes) permet de profiter d'une vraie détente et ce n'est qu'à ce moment-là qu'on peut liquider son stress.

Comment se changer les idées quand on a toujours les mêmes idées en tête? À la retraite, nous avons besoin de quelque chose de plus substantiel et de plus constant pour nourrir nos fibres nerveuses. Par conséquent, à la retraite, il faut faire plus que se bercer sur le balcon. Cette période de la vie ouvre de nouveaux horizons et c'est à vous de faire un choix judicieux.

Avez-vous l'intention de suivre des cours dans les assurances ou l'immobilier par exemple? Peut-être suivrez-vous des cours de peinture? Préférez-vous un travail à temps partiel? Pouvez-vous devenir consultant de par votre formation? Désirez-vous fonder une PME à la maison? Ou simplement faire du bénévolat? Autant de possibilités qui vous permettraient de bien équilibrer votre temps et de vous assurer des jours heureux.

Vous cherchez un emploi

Si vous cherchez un emploi, ne regardez pas seulement du côté de la grande entreprise, mais également du côté des PME. Au départ, il faut demeurer positif et persévérant. Si vous êtes en mesure de le faire, utilisez votre influence. Parfois, les contacts (amis, parents, organismes, etc.) peuvent être utiles. Il ne faut pas les écarter. Les annonces classées et les agences de placement peuvent également vous faire des offres intéressantes. Si vous devez passer des entrevues, montrez-vous enthousiaste pour le travail et la compagnie. Démontrez que vous êtes très flexible concernant l'horaire, le salaire et les tâches à effectuer et avide d'apprendre de nouvelles méthodes.

Vous devez donc savoir exactement ce que vous voulez et dans quelle catégorie vous vous situez:

- vous avez besoin d'argent pour vivre
- vous avez besoin d'un but
- vous avez déjà un hobby et des activités
- vous ne vivez que pour votre carrière
- vous vous sentez inutile maintenant

Tout devient donc une question d'attitudes à développer, car il est très différent de travailler par besoin et de travailler uniquement pour retirer des bienfaits psychologiques.

Attitudes des compagnies

Dans les années quatre-vingt, les compagnies ont commencé à mettre les gens assez jeunes à la retraite afin de réduire les coûts et d'éliminer les salaires élevés et les avantages sociaux.

Aujourd'hui, à la suite de certaines lois votées par nos gouvernements, l'âge de la retraite est fixé à 65 ans. Mais, certaines compagnies offrent encore des primes de départ anticipé bien que leur attitude vis-à-vis des cheveux blancs soit plus tolérante. La compagnie Kentucky Fried Chicken a été fondée par un homme de 65 ans: le colonel H. D. Sanders.

Dans les emplois de services, on engage de plus en plus de retraités. Par exemple, McDonald et Burger King sont les champions dans ce domaine.

Nouvelle approche des compagnies

Cette politique de mise à la retraite précoce visant l'engagement de personnel plus jeune a créé chez les compagnies un autre problème: l'augmentation d'un personnel ayant très peu d'expérience. Pour tenter d'atténuer les conséquences parfois négatives de leur geste, les compagnies ont développé une politique d'engagement à temps partiel ou par contrat. Cette nouvelle situation a été bénéfique aux retraités qui cherchent un emploi.

Travail temporaire ou travail à temps partiel

Dans le cadre du travail temporaire ou à temps partiel, les compagnies ne se préoccupent pas de l'âge. Certaines d'entre elles sont même heureuses d'engager des retraités dans ces conditions.

Le travail temporaire se retrouve surtout dans le domaine des services qui demeurent très flexibles à cet égard. Exigeant peu d'aptitudes particulières et basé surtout sur des actes répétitifs, ce genre de travail est répandu dans les compagnies spécialisées dans la haute technologie et le travail de bureau.

Quant aux emplois à temps partiel, on les retrouve dans certaines compagnies qui cherchent à remplacer leur personnel en vacances et dans les restaurants de *fast food*.

Bénévolat

Contrairement à ce que l'on pense, le bénévolat n'est pas gratuit: il exige souvent une formation, un minimum d'administration et un service de support. Regardez, par exemple, les services de bénévolat dans les hôpitaux, et vous constaterez que cette forme d'aide essentielle est très bien organisée et repose, avant tout, sur la gratuité des bénévoles. Mais, tout le matériel (fauteuils roulants, livres, revues, etc.) provient d'un budget prévu à cette fin. Mais, me direz-vous: «Pourquoi faire du bénévolat?» Les raisons sont nombreuses, en voici quelques-unes:

- le bénévolat permet de se dépasser tout en aidant les autres;
- le bénévolat est une forme de loisir très formateur;
- le bénévolat permet de se sentir utile;
- le bénévolat auprès des jeunes permet de rester actif et de garder l'esprit jeune;
- le bénévolat, c'est donner et recevoir;
- le bénévolat, c'est aider les autres et s'aider soi-même;
- le bénévolat diminue le stress.

Les services de bénévolat sont très nombreux et ont continuellement besoin de bénévoles. L'intérêt pour un retraité, c'est qu'il peut décider lui-même du temps qu'il a à offrir. À titre d'exemple, voici quelques sphères d'activités dans lesquelles vous pourriez exercer votre action:

- organisations religieuses
- éducation-écoles
- campagnes de financement
- loisirs
- santé
- organisation sociale
- service social

105

- arts
- action communautaire
- justice

Entrevues

Si vous désirez vous trouver un emploi dans une compagnie, il vous faudra tôt ou tard préparer votre entrevue. Dites-vous bien que vous ne serez pas seul à postuler pour le même emploi. Vous devrez, au départ, remplir une demande d'emploi et par la suite, vous soumettre à une entrevue.

À cet égard, les compagnies procèdent en deux étapes avant d'en arriver à une décision:

- des études préliminaires («screening») qui leur permettent de connaître votre expérience, votre niveau de scolarité et vos qualifications.

- une sélection pour déterminer votre attitude, votre personnalité et votre entregent.

Par conséquent, il faut vous préparer pour bien réussir cette entrevue. Au départ, si le poste vous convient, vous devrez projeter l'image de la perle rare afin d'amener la compagnie à créer un emploi qui exploitera vos talents.

Vous savez que de façon générale les compagnies recherchent, chez les postulants, les qualités suivantes:

- confiance
- enthousiasme
- sincérité
- honnêteté
- communication agréable
- belle personnalité

Voilà pourquoi la première impression que vous laissez doit vous favoriser. Alors, soyez ferme dans vos réponses, donnez une image énergique, ayez le regard confiant, manifestez de l'intérêt pour le poste et demeurez ouvert aux idées nouvelles et aux défis.

Les compagnies font de moins en moins de discrimination en fonction de l'âge. Elles mettent plutôt l'accent sur l'éthique, la loyauté, la santé, la maturité, la flexibilité. Comme le leadership n'est pas rattaché à l'âge, vous pourrez sans problème travailler pour une personne plus jeune que vous. Par ailleurs, préparez vos réponses avant de faire face à certaines questions traditionnelles comme, par exemple:

- Parlez-moi de vous, de vos capacités, de vos réalisations en rapport avec le travail offert.

107

- Pourquoi vouloir travailler ici?
- Quelle est votre plus grande qualité?

À cette dernière question, il faut mettre l'accent sur ses aptitudes en relation avec le poste offert.

Chapitre 5

CONNAISSEZ-VOUS VOS DROITS?

Exister pour une personne humaine, c'est,
de façon consciente, être dans le temps.
Hubert de RAVINEL

Logement et hébergement

Mieux vaut demeurer, si vous le pouvez, dans le nid que vous vous êtes fabriqué au cours des ans. Vous y avez vos choses à vous, votre marge de manœuvre y est très grande, votre contexte social vous est connu et vous pouvez obtenir des services d'aide à domicile en cas de besoin. Si ce n'est pas possible, il vous faudra choisir un type d'habitation qui répondra le mieux à vos besoins. Voyons ce qui existe comme appartement ou logement à loyer modique.

En premier lieu, il y a les «habitations à loyer modique» (H.L.M.) où l'on tient compte de votre revenu pour déterminer le coût réel du logement.

111

Généralement, le loyer s'élève à 25 % environ de votre revenu. L'inconvénient, c'est que vous pouvez attendre longtemps avant d'avoir un logement de ce type. Pour obtenir de plus amples informations, communiquez avec l'Office municipal d'habitation de votre municipalité.

Le pendant de la H.L.M., c'est le programme de supplément au loyer sur le marché locatif privé communément appelé logirente. Comme dans le premier cas, le loyer correspond à 25 % du revenu du ménage. Par exemple, si les revenus s'élèvent à 800 $ par mois, vous paierez 200 $, plus les frais d'électricité et de stationnement, le cas échéant. Si le loyer est de 500 $ par mois, vous paierez 200 $ et l'Office municipal d'habitation (O.M.H.) assumera la différence, soit 300 $.

Pour bénéficier du programme logirente, les ménages doivent: 1) consacrer plus de 30 % de leur revenu à leur loyer; 2) avoir le statut de citoyen canadien ou de résident permanent; 3) résider depuis au moins 12 mois (sauf pour les personnes handicapées) sur le territoire de l'O.M.H. avant le dépôt de la demande. Le délai d'attente peut également varier de quelques mois à quelques années.

Pour en savoir davantage sur ce programme, je vous invite à communiquer avec l'O.M.H. de votre municipalité ou tout simplement avec la Société d'habitation du Québec aux numéros suivants:

Québec: (418) 643-7676

Ailleurs au Québec: 1 800 463-4315

Par ailleurs, si vous avez décidé de ne plus vous préoccuper d'une maison, des petits travaux à faire, du grand ménage, de la peinture ou si votre état de santé s'aggrave progressivement, vous pourriez vous orienter du côté des foyers d'hébergement publics ou privés. Le choix de ces établissements dépend de votre niveau d'autonomie. Les couples y vivent ensemble, les repas sont pris en commun et les gens qui y habitent sont de votre âge, ce qui facilite les rencontres et les liens d'amitié. Par ailleurs, avant de vous diriger vers un centre d'accueil privé, assurez-vous qu'il possède un permis du ministère des Affaires sociales. Autrement, vous risquez d'avoir des surprises désagréables. Pour obtenir une place en centre d'accueil (perte grave d'autonomie), en famille d'accueil (autonomie), en pavillon (assez autonome) ou en centre hospitalier (soins prolongés pour malades chroniques), il faut en faire la demande au C.L.S.C. le plus près de chez vous, au C.S.S. de votre territoire ou au D.S.C. le plus proche. Votre contribution correspondra à peu près à ce qu'il vous en coûterait pour vivre dans votre propre domicile. Vous paierez donc en fonction de votre revenu.

La Régie du logement

Cet organisme gouvernemental a pour principale fonction de défendre les intérêts des locataires et d'aider les propriétaires à établir le coût des loyers et à en prévoir la majoration.

Vous pouvez communiquer avec la Régie du logement du lundi au vendredi entre 8 h 30 et 16 h 30 en composant:

région de Hull: (819) 776-2245

région de Montréal: (514) 873-2245

région de Québec: (418) 643-2245

Le logement et le nouveau code civil

À la suite de l'entrée en vigueur le 1er janvier 1994 du nouveau code civil, certains changements en matière de logement sont venus clarifier des dispositions existantes en les adaptant aux nouvelles réalités sociales. Par exemple, dans le cas d'un bail verbal, le propriétaire doit remettre à son locataire un écrit contenant le nom du locataire, le loyer exigé et l'adresse du logement loué. Lorsque la Régie est appelée à fixer le montant du loyer, non

seulement le locataire, mais également le propriétaire peuvent contester le réajustement.

À toutes fins utiles, le propriétaire ne peut re-
prendre un logement à la fin du bail que pour l'ha-
biter lui-même ou y loger son père, sa mère ou ses
enfants. Le gendre, la bru, les beaux-parents, le
beau-fils ou la belle-fille n'y ont pas droit.

Un locataire peut résilier son bail en raison d'un
handicap important, lorsqu'il est relogé dans un
logement à loyer modique ou lorsqu'il est admis
de façon permanente dans un centre d'hébergement
et de soins de longue durée ou dans un foyer
d'hébergement.

En cas de reprise ou d'éviction illégale du logement pour agrandissement, subdivision ou changement quelconque, le locataire peut porter plainte
et faire condamner le propriétaire à des dommages-
intérêts. Mais, si l'évacuation est demandée à la
suite d'une situation urgente, le locataire a droit à
une indemnité.

Un locataire qui désire quitter son logement en
cours d'année n'est pas libéré de ses obligations, à
moins que le propriétaire l'en dégage. Il peut par
contre procéder à la sous-location du logement avec
l'approbation du propriétaire. Ce dernier peut re-
fuser la sous-location pour des motifs sérieux qu'il
devra divulguer à son locataire. Le locataire d'un

logement à prix modique peut, après avis de trois mois, résilier son bail.

Associations de locataires

Dans plusieurs quartiers de Montréal et d'autres municipalités, il s'est formé au cours des ans des associations de locataires pour défendre les droits des gens et les aider dans leurs démarches. Il ne faut pas hésiter à entrer en contact avec les responsables de ces organismes qui ne cherchent qu'à vous aider. Les C.L.S.C., les C.S.S. ou le Centre de références du Grand Montréal [tél.: (514) 527-1375] peuvent vous mettre en contact avec les bonnes personnes.

Procédures importantes à connaître

Préparation des funérailles

Lors du décès d'une personne, les survivants les plus proches peuvent être inondés d'appels téléphoniques provenant de maisons funéraires. Il faut donc être vigilant et résister à toutes ces sollicitations parce que votre portefeuille peut en souffrir. À moins qu'il n'y ait des directives très précises

116

dans le testament du défunt, vous aurez à prendre des décisions rapides concernant les procédures funéraires.

Y aura-t-il incinération ou exposition du corps? Dans les deux cas, l'enterrement doit se faire dans un cimetière reconnu. Toutefois, dans le premier cas, les cendres peuvent être déposées dans une urne et conservées dans un columbarium.

L'inhumation ou l'incinération ne peut se faire 12 heures après le décès. Quant à l'embaumement, il n'est pas obligatoire sauf si vous désirez exposer le défunt plus de 24 heures ou si l'exposition commence plus de 18 heures après le décès. Si vous optez pour l'exposition, il vous faudra vous adresser à une maison funéraire et choisir le cercueil. Vous devrez être très prudent, car certaines maisons funéraires profitent de votre situation pour vous vendre les cercueils les plus luxueux et d'autres suppléments qui augmentent les coûts.

Si vous optez pour l'incinération et l'achat d'une urne, vous devrez aussi être perspicace car la facture peut gonfler exagérément. On vous proposera une niche grande, petite, fermée ou vitrée, on vous suggérera un endroit particulier dans le columbarium, un type de décoration, etc. Entre-temps, il vous faudra publier un avis de décès dans un

LA RETRAITE – ENFIN LIBRE!

journal, contacter par téléphone ou par télégramme des parents éloignés ou des amis et éventuellement demander une cérémonie religieuse.

S'il y a inhumation dans un cimetière, vous devrez acheter un lot pour la mise en terre. Encore ici, les coûts peuvent devenir faramineux selon ce que vous choisissez. Dans tous les cas, vous devrez agir avec circonspection et réalisme.

Comment régler une succession

Au départ, je dois vous dire que régler une succession n'est pas chose facile. Mais c'est toujours possible. À cet effet, il existe de la documentation que vous trouverez chez un bon libraire ou vous pouvez utiliser tout simplement le dépliant du ministère du Revenu du Québec publié en 1992 et intitulé: «Comment régler une succession».

À partir de la documentation qui existe actuellement, je vous dirai quelques mots de l'exécuteur testamentaire dont le rôle principal est de réaliser les volontés de la personne décédée et d'administrer pour un certain temps la succession jusqu'à son règlement final. Cette personne n'est pas tenue d'accepter cette responsabilité même si elle a été désignée dans le testament du défunt. Mais dès qu'elle accepte cette charge, elle ne peut s'y dérober qu'après un jugement de la Cour supérieure. Cependant, il arrive souvent que le testateur (auteur d'un testament) se soit entendu de son vivant avec son exécuteur testamentaire.

Voici donc les principales étapes du règlement d'une succession:

1. régler la question des funérailles du défunt;

2. faire vérifier l'authenticité du testament (olographe ou fait devant témoins) par un protonotaire de la Cour supérieure;

3. réunir tous les documents essentiels pour régler la succession (acte de naissance, acte ou contrat de mariage, acte de sépulture, polices d'assurance, etc.);

4. faire le bilan avec précision de tous les biens et dettes du défunt (à son travail, dans un coffret de sûreté, etc.);

5. remplir, s'il y a lieu, un formulaire MR-14A: «Demande de certificat autorisant la distribution de biens dans le cas d'une succession»;

6. voir ses dernières déclarations de revenus, payer ses impôts et dettes (le ministère du Revenu peut être d'un grand secours);

7. remettre aux héritiers ou légataires les biens de la succession;

119

8. terminer son mandat en rendant compte de sa gestion aux héritiers ou légataires.

Il est entendu qu'un exécuteur testamentaire peut régler lui-même une petite succession (en s'informant à gauche et à droite), mais pour une succession plus importante, mieux vaut consulter un notaire.

Aide juridique

Sanctionnée le 8 juillet 1972, la Loi de l'aide juridique permet à toute personne économiquement défavorisée de recevoir gratuitement les services professionnels d'un avocat ou d'un notaire. Par conséquent, les bénéficiaires de l'aide sociale sont assurés de bénéficier de cette mesure.

L'aide juridique assume non seulement les frais d'avocat ou de notaire, mais également les frais de cour, d'huissiers et de sténographes. Toutefois, si vous perdez votre cause, vous serez condamné à payer tous les frais de cour et d'avocat à la partie adverse.

Les services couverts sont les suivants:
– le domaine matrimonial (séparation, divorce, etc.);

- le droit social (assurance-chômage, prestation de vieillesse, aide sociale, etc.);
- le domaine de la consommation (logement, contrat, etc.);
- le domaine économique (saisie, testament, succession, etc.);
- le domaine criminel et autres.

Pour bénéficier de l'aide juridique, le revenu annuel ne doit pas dépasser 8 870 $ pour une personne seule, 14 514 $ pour des conjoints sans enfants, 17 712 $ pour des conjoints avec un enfant.

Enfin, la procédure d'admissibilité est la suivante:
- prendre rendez-vous avec l'un des 140 bureaux d'aide juridique du Québec (consulter l'annuaire téléphonique sous la rubrique «Aide juridique»);
- remplir un formulaire de demande d'aide juridique en exposant son état financier et le fondement de son droit;
- déclarer par la suite sans délai tout changement de statut qui viendrait modifier sa déclaration;
- attendre la décision du directeur du bureau d'aide juridique;

121

- ne faire aucune démarche auprès d'un avocat ou d'un notaire avant d'avoir reçu l'attestation d'admissibilité;
- remettre cette attestation d'admissibilité à son avocat ou à son notaire;
- refaire la même démarche pour tout autre litige ou appel.

N.B. Si l'aide juridique vous est refusée, vous pouvez demander dans les 15 jours suivants une révision de la décision en indiquant les motifs invoqués et faire parvenir votre lettre par courrier recommandé à l'attention du:

Président de la Commission
Commission des services juridiques
2, Complexe Desjardins
Tour est, bureau 1404
Montréal (Québec)
H5B 1B3

Le comité de révision vous avisera de la décision finale et sans appel ainsi que des raisons qui la motivent.

Petites créances

La cour des petites créances permet à une personne ou à une petite compagnie d'au plus cinq personnes de régler, sans l'aide d'un avocat, un certain nombre de problèmes, notamment des problèmes de consommation. En fait, tout ce qui touche au non-respect d'un contrat ou à des dommages causés à la personne ou aux biens entre dans cette catégorie. Pour être admissible aux petites créances, la réclamation ne doit pas dépasser 3 000 $.

Mais, avant de présenter une poursuite devant la Division des petites créances de la Cour du Québec, il serait plus prudent de tenter la démarche ultime: la mise en demeure. Il s'agit tout simplement d'une lettre que vous adressez à la personne ou à l'entreprise que vous entendez poursuivre pour demander un règlement dans un délai raisonnable. Et pour vous protéger, utilisez les services du courrier recommandé ou d'un huissier. Vous devez conserver une copie de cet avis ainsi que le reçu du bureau de poste. Si vous ne recevez aucune réponse de la mise en demeure, voici les étapes que vous devrez franchir pour étayer votre poursuite:

– communiquez avec le greffier du district judiciaire où vous désirez poursuivre. Ce dernier vous fixera un rendez-vous ou vous dira comment obtenir un formulaire de requête;

123

– remplissez le formulaire ou la requête qui constitue votre réclamation. Cette dernière doit être très explicite et ne présenter aucune ambiguïté (ex.: une somme d'argent avec ou sans intérêt, le remplacement ou la réparation d'un bien, l'annulation d'un contrat, etc.);

– préparez votre preuve en rassemblant tous les documents pour mieux appuyer votre demande auprès du juge (ex.: chèques, reçus, factures, contrats, garanties, etc.);

– invitez des témoins à la cour, s'il y a lieu, et indiquez leur nom et adresse au greffier qui les assignera à comparaître;

– résumez votre problème sur une feuille et lisez-la devant le juge;

– déléguez une tierce personne si vous ne pouvez vous rendre à la cour le jour de la convocation. Ce parent ou ami qui vous représentera devra être au courant du problème et détenir un mandat écrit et signé de votre main.

Si vous êtes poursuivi vous-même aux petites créances et que vous décidez de contester la réclamation, il vous incombera cette fois de fournir la preuve. Toutefois, une dernière tentative de règlement est possible avant le procès. C'est ce qu'on appelle la médiation. Ce service vous sera offert par le greffier et fonctionnera comme suit:

- au point de départ, vous devrez accepter le service de médiation pour enclencher le processus;
- si c'est le cas, la partie intimée se verra offrir le même service;
- si les deux parties consentent à la médiation, le médiateur (avocat ou notaire de pratique privée) vous fixera un rendez-vous à son bureau pour que vous puissiez expliquer vos points de vue respectifs;
- le médiateur cherchera une solution équitable et vous la soumettra. Alors, il y a entente, la cause s'arrêtera là et vous éviterez un procès. En cas de refus, le dossier sera acheminé à un juge des petites créances. Il semble que 75 % des cas se règlent par la médiation.

Curatelle

La curatelle est une fonction publique exercée par un curateur ou une curatrice en vue de l'administration des biens et intérêts des personnes inaptes.

La nouvelle loi sur le curateur public en vigueur depuis le 15 avril 1990 a remplacé la Loi sur la

125

curatelle publique non sans y apporter des modifi-
cations plus humaines et plus souples. Autrefois,
seul le curateur public était responsable de l'administration des biens d'une personne inapte.
Aujourd'hui, le curateur peut être désigné parmi
les proches de cette dernière, mais toujours sous
l'œil vigilant du curateur public.

Je tiens à souligner également qu'une personne
en pleine possession de ses moyens pourrait dési-
gner quelqu'un pour prendre soin d'elle et de ses
biens en cas d'incapacité. Le mandat pourra, alors,
être rédigé devant deux témoins non concernés par
l'acte. Par conséquent, les étapes à franchir dans
un processus de curatelle sont les suivantes:

- un proche ou le conjoint d'une personne qui a
  besoin de protection fait une requête au tribunal. De son côté, le directeur général d'un éta-
  blissement de santé ou de services sociaux peut
  faire une demande d'ouverture de régime de
  protection directement auprès du curateur
  public;

- cette requête doit être accompagnée d'une évaluation médicale et psychosociale afin d'expli-
  citer la preuve de protection. La requête doit
  également être transmise à la personne, à un
  membre de la famille ainsi qu'au curateur
  public;

– le requérant doit par l'intermédiaire d'un huissier signifier à l'intimé, un membre de sa famille et au curateur public, son intention de déposer au tribunal une requête en ouverture d'un régime de protection. Si le requérant est le curateur public, les proches de l'intimé ont 30 jours pour contester la démarche ou demander la curatelle privée;

– la loi oblige alors le protonotaire à interroger l'intimé pour constater lui-même le degré d'inaptitude de la personne;

– vient ensuite la convocation par la cour du conseil de famille. Nul n'est tenu d'y assister, mais la loi prévoit au moins cinq personnes provenant de la famille immédiate, parmi des parents plus éloignés ou des amis, le cas échéant. C'est à cette étape que le conseil de famille peut demander l'instauration d'un régime de protection privé;

– enfin, c'est l'étape de l'audition par la cour; le juge ou le protonotaire prend une décision en tenant compte de tous les éléments de preuve qu'il a en sa possession;

– à la suite du jugement prononcé, le requérant doit se procurer une copie du jugement au greffe de la cour et le faire transmettre par huissier à la personne inapte. Selon les besoins de la personne inapte, le tribunal recommandera l'un des trois régimes de protection suivants:

- un conseiller majeur est nommé lorsqu'une personne est assez autonome pour subvenir à ses besoins, mais a toutefois besoin d'assistance ou de conseils;
- une tutelle au majeur est demandée dans le cas d'inaptitude partielle ou temporaire;
- la curatelle au majeur est établie dans le cas d'inaptitude totale et permanente.

Pour toute information supplémentaire, je vous invite à communiquer avec le curateur public à l'une des adresses suivantes:

Montréal
600, boulevard René-Lévesque Ouest
Bureau 500
Montréal (Québec)
H3B 4W9
Tél.: (514) 873-4074
1 800 363-9020

Québec
1305, chemin Ste-Foy
1er étage
Québec (Québec)
G1S 4N5
Tél.: (418) 643-4108
1 800 463-4652

Estrie
200, rue Belvédère Nord
Bureau 4.11
Sherbrooke (Québec)
J1H 4A9
Tél.: (819) 820-3187

Saguenay-Lac-Saint-Jean
1299, avenue des Champs-Élysées
Bureau 105
Chicoutimi (Québec)
Tél.: (418) 693-1900

Mauricie-Bois-Francs
105, boulevard des Forges
3e étage
Trois-Rivières (Québec)
G8Z 7J8
Tél.: (819) 371-6009

Demande de prestations de survivants

Saviez-vous que lors du décès d'une personne qui a suffisamment cotisé au régime des rentes du Québec, une prestation de décès est prévue et des rentes au conjoint survivant et aux orphelins peuvent être également versées dans certaines conditions?

Pour recevoir ces prestations, il faut procéder comme suit:

– écrire à l'un des bureaux de la Régie des rentes du Québec et demander le formulaire «Demande de prestations de survivants»;

– remplir la partie A du formulaire concernant les renseignements sur la personne décédée.

Même si vous n'avez pas encore en main le certificat de décès, acquittez-vous de cette formalité pour éviter des délais. Les documents manquants suivront dès que possible:

– remplir les parties B (prestation de décès), C (rente du conjoint survivant) ou D (rente-s d'orphelin-s) selon le cas;

– remplir la partie E (déclaration) pour confirmer la véracité des renseignements contenus dans la demande;

130

– faire parvenir le tout à l'un des bureaux de la Régie.

Pour joindre la Régie sans frais d'interurbain, composez:
Région de Montréal: (514) 873-2433
Région de Québec: (418) 643-5185
Ailleurs au Québec: 1 800 643-5185

Demande de passeport

Si vous désirez obtenir un passeport, vous devrez procéder de la façon suivante:

– remplir le formulaire requis que vous trouverez entre autres dans les agences de voyages, les bureaux de poste, les bureaux régionaux des passeports;

– joindre deux photographies identiques en noir et blanc de préférence réalisées par un photographe professionnel;

– joindre un certificat de naissance ou de citoyenneté. Pour obtenir votre certificat de naissance, faites vos démarches tôt, car les délais sont longs. Communiquez par courrier, par téléphone ou rendez vous au comptoir de l'un des deux bureaux suivants:

131

Montréal
Direction de l'état civil
Ministère de la Justice
2050, rue Bleury
Montréal (Québec)
H3A 2J5
Tél.: 1 800 567-3900

Québec
Direction de l'état civil
Ministère de la Justice
205, rue Montmagny
Québec (Québec)
G1N 2Z9
Tél.: (418) 643-3900

– joindre également un chèque visé ou un mandat-poste d'un montant de 12 $ si vous faites venir votre document par la poste parce que vous ne résidez pas dans une localité dotée d'un de ces bureaux;

– faire parvenir le tout (si vous ne demeurez pas à Hull, Jonquière, Laval, Montréal, Sainte-Foy, Saint-Laurent) à l'adresse suivante:

Bureau des passeports
Affaires extérieures et Commerce
extérieur du Canada
Ottawa (Ontario)
K1A 0G3

Contrats

Un contrat n'est pas toujours signé devant un notaire. Il peut être conclu verbalement ou par écrit. Par exemple, vous vous rendez à l'épicerie et vous achetez un litre de lait. Vous venez de conclure un contrat. Il y a eu vente, achat et engagement entre un consommateur et un commerçant. Mais, selon la Loi de la protection du consommateur, certains contrats doivent toujours être écrits, rédigés à la main, dactylographiés ou imprimés. Par exemple, pour un achat de plus de 25 $ à un vendeur itinérant, pour l'achat d'un magnétoscope, pour la location d'une automobile, etc., il faut un document écrit. Pour plus de protection, vous pouvez demander au commerçant d'écrire, par exemple, sur la facture, «remboursement dans les dix jours».

Dans le cas de contrats en bonne et due forme, il faut tout lire et éliminer des clauses qui vous seraient trop défavorables. Pour être considéré

comme sérieux, un contrat doit contenir les renseignements suivants:
- la date de la signature du contrat;
- le lieu de la signature du contrat;
- le nom et l'adresse du commerçant;
- la description de l'objet du contrat;
- le montant total à débourser.

Je me souviens d'avoir fait exécuter des travaux d'excavation dans ma maison et lorsque, plus tard, j'ai sorti le contrat pour réclamer une déduction d'impôt, je me suis aperçu que ni le nom ni l'adresse du contracteur n'apparaissaient sur le contrat. J'ai donc perdu de l'argent parce que je ne pouvais pas déclarer au gouvernement cette information.

Par ailleurs, certains contrats peuvent être résiliés par le consommateur. Mais, dans tous les cas, il faut être prudent et lire tout ce qui est écrit dans le contrat et surtout ce qui apparaît en petits caractères. Négliger ces informations peut vous être préjudiciable.

Pour mieux connaître vos droits, n'hésitez pas à communiquer avec le bureau de la protection du consommateur de votre région:

Abitibi-Témiscamingue
33-A, rue Gamble Ouest
Rouyn-Noranda (Québec)
J9X 2R3
Tél.: (819) 797-8549
1 800 561-9841

Gaspésie-Îles-de-la-Madeleine
96, Montée Sandy Beach
Bureau 1.02
Casier postal 1418
Gaspé (Québec)
G0C 1R0
Tél.: (418) 368-4141
1 800 463-3277

Côte-Nord
456, rue Arnaud
Sept-Îles (Québec)
G4R 3B1
Tél.: (418) 968-8581
1 800 463-3511

Laurentides-Lanaudière
85, rue de Martigny Ouest
Saint-Jérôme (Québec)
J7Y 3R8
Tél.: (514) 569-3105
1 800 663-3110

Estrie
200, rue Belvédère Nord
Bureau 1.01
Sherbrooke (Québec)
J1H 4A9
Tél.: (819) 820-3266

Mauricie-Bois-Francs
100, rue Laviolette
Trois-Rivières (Québec)
G9A 5S9
Tél.: (819) 371-6424
1 800 463-6424

Montréal
Village Olympique
5199, rue Sherbrooke Est
Bureau 3671, aile A
Montréal (Québec)
H1T 3X2
Tél.: (514) 873-3701

Outaouais
Édifice Jos-Montferrand
170, rue de l'Hôtel-de-ville
Hull (Québec)
J8X 4C2
Tél.: (819) 772-3041
1 800 663-3041

Québec
400, boulevard Jean-Lesage
Bureau 450, 3ᵉ étage
Québec (Québec)
G1X 8W4
Tél.: (418) 643-8652

Saguenay-Lac-Saint-Jean
3714, boulevard Harvey
Jonquière (Québec)
G7X 3A5
Tél.: (418) 695-7938
1 800 563-5741

Préarrangement funéraire

Au départ, je tiens à souligner qu'il ne faut jamais acheter un préarrangement funéraire offert par un vendeur itinérant. Ce dernier a plusieurs tours dans son sac pour vous convaincre d'acheter. Il doit vendre pour toucher sa commission et plus le produit est cher, plus sa commission sera élevée. Surtout, ne vous laissez pas intimider par ses arguments souvent douteux.

Si vous désirez ce genre de service, sortez et magasinez pour comparer les prix avant de signer quoi que ce soit.

137

Demandez-vous si le préarrangement funéraire vous convient. Peut-être serait-il préférable que vous régliez tout cela vous-même. En effet, vous pourriez placer une somme d'argent à la caisse ou à la banque et profiter des intérêts. Ou bien, vous pourriez tout simplement consigner vos dernières volontés dans votre testament.

Testament

J'ai vu, lors du décès d'une connaissance, une famille aux prises avec une situation invraisemblable. La personne décédée avait signé un contrat de son vivant pour s'assurer de la bonne marche des opérations au moment opportun. Or, il n'en fut pas ainsi et le cercueil fut placé en attente d'un règlement.

Le testament est donc un document juridique qui détermine les dernières volontés d'une personne. Au cours d'une vie, une personne peut modifier son testament autant de fois qu'elle le désire, mais jamais elle ne peut ignorer ses engagements si elle a signé un contrat de mariage.

Le nouveau code civil en vigueur depuis le 1er janvier 1994 est assez explicite à cet effet. Si une personne décède sans avoir fait de testament, la loi prévoit la distribution des biens selon des modalités bien précises. Et ces procédures juridiques ne correspondent pas toujours à ses dernières volontés. Mieux vaut, alors, faire un testament et léguer ses biens aux héritiers de son choix.

Lorsque mon oncle décéda, la famille était dans tous ses états: on ne trouvait pas de testament. Rien chez le notaire de l'endroit et personne pour témoigner avoir signé une sorte de testament. Or, un beau jour, ma tante trouva dans les «papiers» du défunt une feuille écrite à la main qui semblait décrire ses dernières volontés. C'était bien le testament de mon oncle écrit et signé par lui-même. Je vous assure que ce testament dit olographe a créé beaucoup d'embarras dans la famille avant d'être reconnu légalement par la cour.

Dans un autre cas, un testament causa un autre genre de problème à cause d'une méconnaissance des lois de la part de son auteur. Une vieille connaissance analphabète de ma famille avait fait écrire son testament par une tierce personne. Puis, deux témoins avaient signé le document à sa place et en sa présence. Et quelle ne fut pas la surprise de l'un d'eux au décès du monsieur lorsqu'il constata que la loi ne lui permettait pas d'hériter de quoi que ce soit parce qu'il avait signé le testament à titre de témoin.

En définitive, c'est le testament devant notaire qui est peut-être celui qui cause le moins de problèmes aux héritiers après un décès parce qu'il est rédigé selon les dispositions de la loi et est difficilement contestable sur le plan juridique.

Pour de plus amples informations, je vous suggère de communiquer avec la Chambre des notaires du Québec, 630, boulevard René-Lévesque Ouest, Montréal (Québec) H3B 1S6. [Tél.: (514) 879-1793].

Chapitre 6

LA SEXUALITÉ À L'ÂGE
DE LA RETRAITE

*... personne ne soufflait mot de
ces choses liées à la chair...*
Jean SIMARD

S'il est normal d'être perturbé et de vivre quelques crises au début de la retraite, nous ne devrions pas pour autant nous dégager de nos responsabilités envers nous-mêmes et envers les autres. Nous devrions nous mettre dans la tête qu'avant de commencer à planifier notre retraite, il nous faudrait nous réconcilier avec nous-même afin de nous ouvrir sur le monde.

Pour éviter de vous ennuyer avec du «réchauffé», je m'attarderai plutôt sur un certain nombre de mythes qui circulent parmi les retraités comme, par exemple, «après une opération de la prostate, le plaisir sexuel n'est plus possible», «à l'âge de la retraite, l'homme et la femme ne peuvent plus avoir de relations sexuelles», «un cardiaque ne peut plus avoir une vie sexuelle sans nuire à sa santé», «la ménopause enlève toute vigueur sexuelle à la femme», ou encore «il ne faut pas parler de la ménopause avec sa conjointe, c'est tellement personnel.»

«Après une opération de la prostate, le plaisir sexuel n'est plus possible»

Voilà une affirmation que l'on entend souvent dans certains milieux et je vous avouerai que je la partageais avant d'être moi-même opéré de la prostate à deux reprises: à 44 ans et à 54 ans. Je ne ferai pas comme une de mes vieilles connaissances qui croit être le seul à souffrir de telle ou telle maladie et qui, par conséquent, se vante d'être un cas unique. Je n'ai jamais eu cette prétention. Dans mon cas, disons que le mal est héréditaire. Mon père a été opéré à deux reprises et mes deux frères, une fois chacun. Je ne tiens donc pas à surpasser les membres de ma famille dans ce domaine.

Je ne sais s'il s'agit aujourd'hui d'une pratique courante dans tous les hôpitaux, mais lorsque je me suis rendu à l'hôpital Royal Victoria de Montréal, il y a déjà 10 ans, pour me faire opérer, on m'a renseigné sur le déroulement de mon séjour à l'hôpital, à l'aide d'un vidéo.

C'est au cours de la projection de ce vidéo que j'ai pu voir que la prostate est un organe de l'appareil génital situé sous la vessie. Ayant la forme d'un beigne, elle entoure l'urètre, le canal qui permet à la vessie d'évacuer l'urine, d'où les problèmes urinaires si le conduit se resserre trop à la suite de l'hypertrophie de la prostate.

Je ne sais pas si c'est le vidéo ou le chirurgien qui m'a appris également qu'un célèbre médecin de l'Égypte ancienne utilisait déjà les sondes pour soulager ses patients. L'intervention chirurgicale dans le cas d'adénome (hypertrophie de la prostate) ne nuit pas au plaisir sexuel, mais nous laisse tout de même dans un état particulier que dans l'ensemble nous ignorons. Ainsi, lors d'une relation sexuelle, il se produit un phénomène nouveau que les médecins appellent une éjaculation «sèche», c'est-à-dire que le sperme ne pouvant plus s'évacuer par l'urètre se retrouve dans la vessie et c'est lors d'une prochaine miction qu'il sera évacué avec l'urine. Mais, la sensation produite par l'éjaculation et l'orgasme demeure la même.

«À l'âge de la retraite, l'homme et la femme ne peuvent plus avoir de relations sexuelles»

Si vous avez bien compris toute la question des émotions que j'ai abordée dans le premier chapitre, vous allez comprendre également pourquoi le retraité continue à ressentir des sentiments et des «petits» désirs qu'il exprime de diverses façons. D'ailleurs, les études effectuées dans ce domaine démontrent que les personnes «âgées» sont encore capables de «performer» à leur façon à la condition d'être stimulées.

J'ai connu quelqu'un qui s'inquiétait beaucoup de constater chez lui une diminution de l'appétit sexuel. Après une visite chez le médecin, celui-ci lui conseilla d'abandonner les somnifères qu'il prenait chaque soir pour dormir. Après quelque temps, sa compagne déclara discrètement: «Paul est un vrai lapin».

Une autre de mes connaissances ayant perdu quelque peu sa vitalité sexuelle a dû, sur les conseils de son médecin, diminuer sa consommation de cigarettes et d'alcool et changer ses habitudes alimentaires. Celui-là, semble-t-il, est devenu un vrai «coq».

146

Il ne faudrait pas courir chez le médecin à la moindre défaillance sexuelle et lui demander la «prescription» miracle. Mais, une bonne discussion avec ce dernier peut, dans beaucoup de cas, aider à solutionner ce genre de problèmes.

«Un cardiaque ne peut plus avoir une vie sexuelle active sans nuire à sa santé»

Il est vrai que certaines maladies peuvent gêner l'épanouissement sexuel. Par exemple, je connais un ex-collègue de travail qui souffre d'artériosclérose et il m'a confié, un jour, que sa maladie s'attaquait à ses voies génitales, ce qui provoquait un début d'impuissance. Le diabète peut aussi provoquer les mêmes symptômes puisque cette maladie finit par atteindre l'influx nerveux.

Mais, si vous êtes cardiaque, votre médecin vous dira qu'après une période de repos, vous pouvez revenir à vos pratiques sexuelles sans problème tout en conservant un rythme de croisière raisonnable.

«La ménopause enlève toute vigueur sexuelle à la femme»

Voilà que la femme est encore pointée du doigt et accusée cette fois d'être la cause de tous les

147

bouleversements qui s'opèrent dans la vie sexuelle de l'homme.

J'observe, chez certaines femmes dans mon entourage à l'orée de la cinquantaine, l'apparition d'une fatigue continuelle et certaines manifestations d'irritabilité et d'impatience. En regardant leur conjoint, j'ai tendance à me dire: «Pauvre vieux!» Tout en reconnaissant que cette question est une arme à deux tranchants. D'un côté, ma conjointe est en pleine ménopause et de l'autre, je suis en train d'apprivoiser ma propre ménopause qu'on appelle andropause. Et entre les deux tranchants, nous nous appliquons, ma conjointe et moi, à «vivre notre ménopause».

Pour ma part, je crois que mon andropause s'est déclenchée au moment de prendre ma retraite. L'effet est tellement subtil qu'il est pratiquement impossible de le prévoir. Comme le serpent qui s'avance lentement vers sa proie, je me suis senti tout d'un coup prisonnier de mes émotions qui n'ont pas tardé à se traduire par des pertes d'appétit, de la difficulté à me concentrer et l'accroissement de la tension artérielle. Chez une autre personne, j'ai même observé que les cheveux grisonnaient plus vite et que des rides, de l'embonpoint et une peur bleue de l'avenir faisaient aussi leur apparition. Dans mon cas, je devais sans tarder m'attaquer aux émotions désagréables pour éviter qu'apparaissent d'autres troubles physiques. Il me fallait aussi accepter de me confronter au modèle familial et aux images que la société nous impose. Je pense, par exemple, à l'ambition, la compétition, l'efficacité, la puissance sexuelle de l'homme, l'estime de soi et la productivité.

Comme je l'ai souligné au chapitre précédent, j'ai dû procéder par étapes pour parvenir à me défaire de toutes ces pensées intérieures qui me rongeaient petit à petit.

«Il ne faut pas parler de la ménopause avec sa conjointe, c'est tellement personnel»

Voilà un autre mythe dont il faut se débarrasser et vite. Il provient d'un vieux fond judéo-chrétien basé sur la honte de parler de sexualité et de questions considérées comme taboues. Mais de plus en plus, les retraités, sous l'influence de la vague féministe et peut-être aussi à la suite de l'apparition des sexologues, ne rougissent plus en parlant de ces questions. Dans certaines cultures, la ménopause marque le début d'une nouvelle vie pour la femme et la société la considère, alors, avec respect. En Chine, par exemple, la femme ménopausée jouit d'un statut exceptionnel. Au nord de l'Inde, chez les Rájput, on lui permet de travailler avec les hommes et de plaisanter avec eux.

Je me souviens, lors de rencontres occasionnelles d'ex-collègues de travail, j'avais remarqué un couple qui se tenait la main et qui se comportait, disons-le, comme deux jeunes tourtereaux. Très étonné de cette attitude «à leur âge», je me décidai à satisfaire ma curiosité un jour que je me trouvais justement à côté de ce nouveau don Juan. C'était le moment ou jamais.

«Et puis, mon Pierre, lui dis-je, t'as l'air tout fringant, qu'est-ce qui t'arrive?» Sans perdre une minute et avec volubilité, il se mit à raconter son histoire à la façon du chevalier qui vient de gagner une bataille.

«Quand Lucille a commencé à avoir des maux de tête assez fréquents, des problèmes de sommeil, des crises d'anxiété et un début de dépression, j'ai tout de suite pensé à la ménopause, dit-il. Je voyais bien qu'elle était en train de se dévaloriser et que le fait de ne plus satisfaire aux critères de beauté et de jeunesse propres à notre société occidentale l'attristait. Je me suis dit que cette période de transition devait être expliquée aux femmes de la même façon qu'on explique la puberté aux jeunes filles. C'est alors que d'un commun accord, nous nous sommes mis à la recherche d'aide extérieure. Nous avons trouvé un organisme qui offrait un programme presque fait sur mesure. Lucille a participé à un certain nombre d'ateliers avec d'autres femmes venues échanger leurs expériences et se doter de moyens afin d'apprivoiser la période de la ménopause. Lorsque j'allais la chercher après ses cours, nous discutions des questions qui avaient été abordées, ce qui m'a permis de mieux comprendre ce qu'elle ressentait et de m'adapter graduellement à cette nouvelle vie. Non seulement l'expérience m'a été salutaire, mais elle a permis à Lucille d'être plus à l'écoute de son corps et d'arriver à bien régler ses habitudes alimentaires, à faire un peu d'exercice et à développer des techniques pour prévenir le stress. Il faut dire ici que Lucille avait subi la "grande opération" et que, par conséquent, elle se croyait à l'abri de la ménopause. En fait, tout est une question d'œstrogènes. Le médecin lui a été également d'un grand secours parce que chaque cas est unique dans ce domaine. Je me demande dans tout ça si je n'ai pas trop fait pour l'encourager pendant sa ménopause: maintenant que cette période est terminée, Lucille est de nouveau en pleine forme et elle a retrouvé un appétit sexuel inattendu. Pour ma part, je sens un ralentissement de ce côté-là et je suis en train de me diriger vers ce que j'appelle "l'école de la tendresse".»

Comme il s'arrêta de parler et que je voulais bien connaître sa «recette», je lui dis:

«Mais, c'est génial, ça, mon vieux, tu pourrais sûrement écrire un livre là-dessus. Je ne voudrais pas que tu me dévoiles tes petits secrets, mais qu'est-ce que tu entends par "l'école de la tendresse"?»

J'avais touché la corde sensible et il reprit de plus belle.

«La tendresse, dit-il, c'est tout ce qui devrait chapeauter le couple. Comme la vigueur sexuelle s'atténue graduellement, nous avons développé un nouveau code à tel point qu'un seul mot, un seul regard, un seul geste suffisent à nous comprendre et à nous aimer. Il faut percevoir la sexualité autrement. Je suis donc devenu séducteur. Eh oui, qui l'aurait cru! Et c'est cette nouvelle approche qui conserve en nous ce désir d'être ensemble. J'ai appris à m'ouvrir au monde des sentiments et du romanesque. Parce que c'est justement à ce niveau que se situe la sexualité de la femme, contrairement aux hommes qui sont plus pulsionnels. Voilà ce que j'appelle "l'école de la tendresse".»

Vous ne serez pas surpris si je vous dis que je suis resté bouche bée après de tels propos. Et je crois que cette anecdote résume bien l'ensemble de la question.

Chapitre 7

Quelques activités culturelles et récréatives

Le glorieux chef-d'œuvre de
l'homme, c'est de vivre à propos.
MONTAIGNE

Introduction

Dans un processus de planification, il est important de se réaliser dans des organisations personnelles, mais auparavant, il est essentiel d'apprendre les procédés, les techniques d'un certain nombre d'activités avant de faire des choix.

Vous devez donc agir dans la vie concrète, dans la vie de tous les jours, comprendre et enrichir votre esprit, mais surtout entrer en contact avec la réalité des loisirs.

«La conjoncture actuelle, écrivent les sociologues, devient à tel point tragique que les hommes éprouvent un besoin irrépressible d'évasion et c'est dans les activités de diversion qu'ils essaient plus ou moins de sauvegarder quelque chose d'eux-mêmes.» Il devient donc indispensable que vous vous exprimiez librement dans des activités de votre choix, dans des activités de loisirs.

Les activités que je vous propose ne devront pas nécessairement être toutes réalisées. Mais, je me devais d'établir une liste assez exhaustive pour vous permettre de faire un choix qui corresponde à vos goûts, à vos intérêts et à vos aptitudes.

Des activités sur mesure

Maintenant que vous connaissez bien les différents aspects de votre dossier personnel et que vous commencez à intégrer votre affectivité, vos actions devront être teintées de confiance nécessaire à votre épanouissement et à votre liberté. Vous pourrez poursuivre votre route avec plus de facilité surtout pendant les moments de découragement et d'insuccès.

Face à un certain nombre d'activités libres, vous aurez à faire des choix dans chacune des catégories suggérées et vous pourrez élaborer votre propre programme sans vous comparer à qui que ce soit, ce qui vous permettra d'atteindre un état de bien-être.

158

Un choix approprié pourrait également ressembler à ceci:

a) une activité qui comporte une part de service (bénévolat, action sociale);

b) une ou deux activités intellectuelles ou artistiques;

c) une activité de culture physique ou d'habileté manuelle.

Marche à suivre

Comme la liste d'activités ci-dessous s'adresse à tout le monde, quelles que soient leurs facultés, il est essentiel de procéder par étapes pour que vous définissiez votre propre programme d'activités.

1. En premier lieu, référez-vous à votre dossier personnel élaboré plus tôt; il vous permettra de faire un choix judicieux.

2. Il est important que vous connaissiez vos disponibilités pour éviter de choisir trop d'activités.

3. Il est essentiel que vous choisissiez vos activités dans plusieurs catégories pour diversifier votre programme.

4. Inscrivez vos choix sur une feuille de papier et vérifiez s'ils correspondent à vos objectifs et

s'ils répondent aux exigences de vos facultés supérieures.

Pour éviter de jouer aux catégories et aux sous-catégories, entendons-nous pour dire que les activités de loisirs peuvent se partager en quatre catégories:
– Activités individuelles
– Activités avec autrui
– Activités de groupe
– Activités en plein air

Activités individuelles

Comme leur nom l'indique, ces activités s'adressent à vous personnellement. Elles sont donc individuelles et ont pour but de vous garder en bonne condition physique et intellectuelle. En voici quelques exemples:

Activités physiques

Si, par exemple, vous désirez vous entraîner de façon régulière en suivant un plan précis, vous pouvez vous adresser au service municipal de Loisirs de votre localité ou au Kino-Québec de votre région.

160

Parmi les sports, mentionnons l'athlétisme, la natation, la gymnastique aux agrès ou avec appareils, l'haltérophilie, le cyclisme.

Visites touristiques

Vous pouvez, si vous le désirez, en vous procurant certains guides dans les librairies, visiter les quartiers de plusieurs municipalités, vous rendre au Jardin botanique et fréquenter les différents musées de votre localité.

Par exemple, à Montréal, voici quelques endroits à visiter:

Musée des beaux-arts de Montréal
1379, rue Sherbrooke Ouest

Musée d'Art contemporain
185, rue Sainte-Catherine Ouest

Centre d'histoire de Montréal
355, Place d'Youville

Musée Marc-Aurèle-Fortin
118, rue Saint-Pierre

Centre Canadien d'Architecture
1920, rue Baile

161

Pointe-à-Callière, Musée d'archéologie et d'histoire de Montréal
350, place Royale

Maison Saint-Gabriel
2146, place Dublin

Musée des Arts décoratifs de Montréal
2929, avenue Jeanne-d'Arc

Musée du Château Ramezay
280, rue Notre-Dame Est

À Québec, je vous conseille les musées suivants:

Musée de la civilisation
85, rue Dalhousie

Musée du Fort
10, rue Sainte-Anne

Musée du Séminaire
9, rue de l'Université

Musée du Québec
1, avenue Wolfe-Montcalm
Parc des Champs-de-Bataille

Lecture

Voilà une activité de détente et de culture personnelle. Le choix des volumes peut se faire de plusieurs façons. Désirez-vous lire un roman, des nouvelles ou des contes? Une œuvre en particulier? Vous limiterez-vous uniquement à la littérature québécoise? Ou bien opterez-vous pour des sujets variés dans des genres différents et des auteurs de différents pays? Autant de questions qui vous permettront de vous planifier un beau programme de lecture.

Belle musique

Vous pourriez, par exemple, vous initier à la musique classique ou au jazz. Il existe des livres spécialisés qui expliquent les œuvres des grands compositeurs et qui suggèrent des discographies.

Concerts

Chaque année, il se donne un nombre incroyable de concerts variés répondant à tous les goûts.

163

Pièces de théâtre

Il existe dans plusieurs municipalités des troupes de théâtre qui présentent des programmes intéressants. Il s'agit de faire des choix selon ses goûts.

Cours de langue étrangère

Des cours de plusieurs langues étrangères se donnent dans les cégeps ou par l'entremise de votre municipalité. En plus de vous faire sortir, ces cours apportent un élément de culture important. Ils vous permettent également de converser avec des gens d'une autre culture.

Peinture

Si vous avez des notions de peinture, quel plaisir vous aurez à installer votre chevalet en pleine nature, au grand air et dans un décor magnifique. Vous pourriez aussi vous acheter des guides sur la peinture et faire quelques essais tout seul. Et pourquoi ne pas suivre des cours de peinture?

Photographie

Vous avez un appareil photo. Alors, pourquoi ne pas participer à des concours de photographie? Nul

164

besoin d'être professionnel pour le faire. Pour vous rafraîchir la mémoire, il existe un grand nombre de livres de photographie sur le marché.

Raquette

Vous faites peut-être du ski de fond, mais avez-vous déjà essayé la raquette? C'est différent, mais c'est également intéressant.

Herborisation

Ceux et celles qui s'intéressent aux plantes seront sûrement intéressés à monter leur propre herbier. Mais, quelques notions de base sont indispensables pour réussir. Le Jardin botanique et certains cégeps offrent souvent des cours dans ce domaine.

Travail du bois

Ce travail manuel peut être très formateur, utile, et vous permettra en même temps de vous détendre. Le choix des essences est à lui seul passionnant. L'usage des différents outils est également important pour effectuer des travaux simples de menuiserie.

165

Reliure

La reliure, contrairement à ce que vous pouvez croire, s'apprend très rapidement. Et cette activité exige peu d'outillage. La reliure d'un livre ou sa réparation développe comme d'autres activités l'initiative et le goût du travail bien fait.

Sérigraphie

Voilà une autre façon d'agrémenter vos loisirs et de vous occuper de façon intéressante et utile. Cette méthode d'impression sur le papier, le carton, les tissus, le bois et les métaux exige un équipement très réduit.

Décoration intérieure

Pour en savoir davantage sur la décoration ou simplement pour donner une touche esthétique à son propre décor, pourquoi ne pas suivre des cours de décoration intérieure? Cette activité en séduira plus d'un.

Activités avec autrui

Contrairement aux activités précédentes où vous étiez le seul acteur, dans le type d'activités avec

166

autrui, vous aurez devant vous une autre personne. Vous serez donc deux pour réaliser une activité. Pour vous aider à faire un choix, voici quelques exemples:

Natation

Si vous ne savez pas nager, votre retraite vous donne une belle occasion d'apprendre. Avec un bon instructeur, vous y arriverez sans aucun doute. Il n'y a pas d'âge pour apprendre à nager. La natation est un excellent exercice cardiovasculaire que vous effectuez à votre rythme.

Ping-pong

Voilà un autre jeu qui se joue avec une raquette et qui permet de développer ses réflexes.

Escrime

Voici une activité «noble» qui se définit comme «l'art du maniement du fleuret, de l'épée et du sabre». C'est donc une activité de précision qui exige également une très grande flexibilité du corps.

167

Piano

C'est un instrument qui s'apprend à tout âge. Il est entendu que vous ne deviendrez pas un second Bach, mais vous pourrez, avec un peu d'effort, jouer des pièces intéressantes.

Activités de groupe

Nous sommes donc partis du «moi» et nous voici rendus au «nous» qui dépasse l'individualisme. Nous nous tournons maintenant vers la communauté. Et l'esprit d'équipe indispensable à ce type d'activités développe le sens social. Oh, il ne s'agira pas de partager ses goûts et ses intérêts, mais uniquement une activité selon les possibilités de chacun. Voici quelques exemples de ce type d'activités:

Ballon-panier (basket-ball)

Ce sport d'équipe (cinq joueurs en jeu) qui consiste à lancer un ballon dans un panier suspendu est très rapide et exige du souffle. C'est un bon exercice pour le système cardiovasculaire.

168

Cercle littéraire

Ce type d'activité vous procurera des heures agréables en plus d'alimenter vos conversations dans les milieux où vous évoluerez. Un bon cercle littéraire vise à compléter la formation littéraire de ses membres au cours de réunions hebdomadaires ou mensuelles. Les sujets peuvent varier presque à l'infini ainsi que les modes de fonctionnement. Écouter quelqu'un lire quelques belles pages ou faire un compte rendu de lecture sont des exemples d'activités d'un cercle littéraire.

Cercle de philatélie

L'étude des timbres-poste, voilà un passe-temps agréable, formateur et plein d'imprévus. En effet, cette activité vous permettra de compléter entre autres vos connaissances en géographie, en histoire, en politique, en développant chez vous le sens de l'observation, la patience, un ordre rigoureux et la méthode de travail.

169

Journalisme

Quel passe-temps que de rédiger des articles pour un journal! Si vous êtes intéressé par l'information générale, la culture, la détente ou le sport, le journal de votre quartier ou de votre association de retraités sera sûrement heureux de vous compter parmi ses collaborateurs.

Ciné-club

Je connais des gens qui ont mis sur pied ce genre d'activités et qui se réunissent une fois par mois pour échanger sur ce qu'ils ont vu. Voilà une bonne initiation à la culture et à l'art cinématographique!

Caisse populaire

Une part active à la vie d'une caisse populaire développe l'esprit d'initiative et le sens des affaires.

Cercle d'arts plastiques

Sous cette rubrique, je verrais la peinture, la sculpture, la poterie, la céramique, le dessin, le modelage. Le goût pour les arts, la détermination et la persévérance sont les qualités de base nécessaires à la réussite.

170

Activités en plein air

Je vous propose ici des activités qui peuvent se pratiquer en plein air et qui permettent de profiter des éléments de la nature ou de les vaincre. Par exemple, la marche, la course sont des pratiques sportives non violentes qui nous permettent de nous détendre et de profiter de la nature.

Par contre, l'alpinisme, la spéléologie (exploration des cavernes), le ski, le nautisme sont des activités qui nous invitent à vaincre les éléments de la nature et par conséquent à nous dépasser.

Certains organismes se spécialisent dans l'une ou l'autre de ces activités. Pour en savoir davantage, je vous conseille de communiquer avec la Fédération de l'Âge d'or du Québec au numéro de téléphone suivant: (514) 252-3017.

Conclusion

Avant que vous n'optiez pour un programme d'activités donné, j'aurais un dernier conseil: gardez toujours à l'esprit trois principes fondamentaux:

Premièrement, on ne choisit pas une activité d'après sa valeur intrinsèque, mais d'après sa valeur subjective. Par exemple, avez-vous le sentiment que le bricolage est une activité moins noble

171

qu'une activité culturelle? Dites-vous bien que si le bricolage répond parfaitement à vos besoins immédiats, vous n'en retirerez que des bienfaits. Dans le cas contraire, vous ne vous sentirez pas à l'aise et ce mauvais choix vous placera dans une situation difficile.

Deuxièmement, avant de terminer votre planification d'activités, soyez assuré de pouvoir les mener à terme. D'où la nécessité d'être persévérant.

Troisièmement, il faut comprendre que le succès des activités que vous choisirez dépendra beaucoup plus de votre engagement, de votre esprit d'observation et de vos facultés supérieures que d'un matériel dispendieux.

Et maintenant, bonne retraite!

BIBLIOGRAPHIE

Santé

BARRÈRE, Hélène, *Guide du mieux vivre après 60 ans*, Éditions du Félin, Montréal, 1988.

BERTHERAT, Thérèse, *Le corps a ses raisons*, Éditions du Seuil, Paris, 1976.

DOLTO, Françoise, *Solitudes*, Éditions Vertiges du Nord/Carrière, Paris, 1987.

HANSAN, Dʳ Peter, *Les plaisirs du stress*, Éditions de l'Homme, Montréal, 1987.

HOUDE, René, *Le temps de la vie*, Éditions Gaétan Morin, Montréal, 1986.

HUNTER, Denise, *La cuisine pour les aînés*, Éditions de l'Homme, Montréal, 1985.

LAMBERT-LAGACÉ, Louise, *Le défi alimentaire de la femme*, Éditions de l'Homme, Montréal, 1988.

LE SENNE, René, *Traité de caractérologie*, Presses Universitaires de France, Paris, 1989.

MAHEU, Claude, *La retraite: essai de définition*, Publications du Québec, 1986.

Collectif, *Pour une retraite mieux planifiée*, ministère du Revenu, Québec, 1986.

Questions financières

Collectif, *Les petites créances*, gouvernement du Québec, ministère de la Justice, communications, 1993.

Collectif, *Comment régler une succession*, gouvernement du Québec, ministère du Revenu, communications, 1992.

Collectif, *Le Curateur public*, gouvernement du Québec, direction des communications, 1992.

Collectif, *Coup d'œil sur le régime fiscal du Québec à l'intention des nouveaux résidents*, gouvernement du Québec, ministère du Revenu, 1993.

Collectif, *Pension de la sécurité de la vieillesse*, ministère des Approvisionnements et Services du Canada, 1992.

Songez-vous à la retraite?, Régie des rentes du Québec, 1993. Logement - Hébergement.

Collectif, *Le guide des programmes et services sociaux pour les aînés(es)*, Publications du Québec.

STEPHEN, Frank S., *Guide du logement pour les aînés au Canada*, Atlantique, Québec, 1987.

Le Bel Âge, Éditions du Feu Vert Inc.

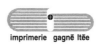

imprimerie gagnē ltēe

IMPRIMÉ AU CANADA